国家社会科学基金青年项目结项总报告

中国劳动关系学院 | 学术论丛
CHINA UNIVERSITY OF LABOR RELATIONS

新生代农民工
人力资本投资

动力、路径与累积

THE NEW GENERATION OF
FARMER WORKERS INVESTMENT INTO HUMAN CAPITAL

POWER、PATH AND ACCUMULATION

王 李 著

社会科学文献出版社
SOCIAL SCIENCES ACADEMIC PRESS (CHINA)

前　言

我国新生代农民工无论是在初始的成长阶段，还是在就业后的发展累积阶段，他们的人力资本投资都亟待加强。一是新生代农民工在输出地基本没有接受过良好的文化教育，且职业技能及心理健康等积累或培训也明显不足，在这种状态下，他们过早地在没有充分准备的情况下进入城镇劳动力市场去寻找工作。二是他们在输入地工作生活时，同样缺乏必要的人力资本累积。他们在工作中无法持续提高就业能力，他们的医疗健康意识薄弱，缺乏健康和安全方面的培训与指导，基本权益得不到很好的保障，在整体上享受基本公共服务的范围仍然较小。比如大量长期在城镇就业的新生代农民工还未落户①，这就使这个群体的各种权益受到影响，尤其是女性新生代农民工的人力资本累积情况更加不容乐观。这些现实情况都与新生代农民工渴望融入城市，分享社会进步和经济发展的成果，进而

---

① 《国务院关于进一步做好为农民工服务工作的意见》（国发〔2014〕40号），2014年9月。

实现个体综合发展的期望不吻合。对新生代农民工人力资本投资的亏欠问题如果不加以重视，就可能会使农民工阶层进一步"固化"，成为困扰经济和社会健康发展的社会问题。因此，重视新生代农民工人力资本积累刻不容缓，这需要社会各界形成合力，着力加强对新生代农民工人力资本的投资与维护，加强对新生代农民工人力资本投资的动力、路径与累积等问题的研究，从宏观与微观两个角度入手，从资金投入、政策扶持、职业教育、劳动权益和健康医疗等方面加大投资力度，以"动力协调、路径突破、累积有效"为模式做好新生代农民工人力资本投资工作，实现其人力资本积累水平的提高。这不仅有利于我国人口红利的增值、社会人力资本财富的增长，也能为我国经济和社会的发展进步贡献更大的力量。

目 录
CONTENTS

第一章　绪论

我国的人口红利优势正在不断丧失，这已是不争的事实。新生代农民工作为日益壮大的劳动力大军，提高其人力资本积累水平、劳动生产效率和可持续发展，加快形成人力资本新优势，对于促进我国经济和社会的持续发展具有极其重要的意义。

一　时代背景

(一) 总体情况

改革开放以来，我国经济的高速发展，在很大程度上受益于庞大的农村劳动群体。截至 2015 年年底，我国的农民工数量已超过 2.77 亿人，其内部也逐渐出现了代际交替，新生代农民工逐渐成为农民工主体。我国新生代农民工总数为 1.38 亿人，占农民工总人数的 48.82%，占 1980 年及以后出生的农村从业劳动力人数的 73.46%。① 新生代农民工已经成为我国产业工人的主力军，不再是"又工又农"，而是彻底地"离土离乡"，在经济社会中发挥着越来越大的作用，成为推动我国现代化建设的重要力量，为经济社会发展做出了巨大贡献。

（二）党中央、国务院关于新生代农民工的政策概要

1. 关于解决农民工问题的若干意见

党中央、国务院非常重视农民工工作，自《国务院关于解决农民工问题的若干意见》（国发〔2008〕5 号）印发以来，接连制定、出台了一系列的扶持政策，极大地推动了农民工，特别是新生代农民工转移就业规模的不断扩大，新生代农民工的劳动职业技能和工资收入水平也在不断提高，参加社会保险的人数也出现了快速增长，维护自身劳动保障权益的能力也有所加强，享受公共基本服务范围也在逐步扩大，已在全社会初步形成了关爱、关注、关心新生代农民工的和谐氛围。

2. 新型城镇化规划中有关农民工的政策

2014 年 3 月 17 日，国务院正式发布了《国家新型城镇化规划（2014－2020 年）》。该规划是根据中共第十八次全国代表大会报告、《中共中央关于全面深化改革若干重大问题的决定》、中央城镇化工作会议精神、《中华人民共和国国民经济和社会发展第十二个五年规划纲要》和《全国主体功能区规划》

---

① 国家统计局：《2015 年全国农民工监测调查报告》，国家统计局网站，http://www.stats. gov.cn/tjsj/zxfb/201604/t20160428_1349713.html，2016 年 4 月 28 日。

编制的，是指导我国城镇化健康发展的战略性、基础性规划。新型城镇化的核心是强调"人的城镇化"，新型城镇化的首要任务之一就是要有序推进农业转移人口市民化的进程与效果，在《国家新型城镇化规划（2014－2020年）》中还用专篇对有序推进农业转移人口市民化做出了部署。

3. 其他有关政策

2014年9月12日，国务院出台了《关于进一步做好为农民工服务工作的意见》（国发〔2014〕40号），这是在《国务院关于解决农民工问题的若干意见》出台实施以来，第二个系统、全面地指导农民工有关工作的综合性、具体性文件，成为在当前经济和社会发展条件下，进一步做好新生代农民工工作的重要指南。

2015年，根据《中共中央国务院关于加大改革创新力度加快农业现代化建设的若干意见》和《国务院关于进一步做好新形势下就业创业工作的意见》（国发〔2015〕23号）的要求，为进一步做好农民工工作，国务院办公厅于2015年6月17日印发了《关于支持农民工等人员返乡创业的意见》（国办发〔2015〕47号），支持农民工、毕业大学生和退伍军人等人员返乡创业。通过大众创业、万众创新让广阔的乡镇百业兴旺，可以促就业、增收入，打开新型工业化和农业现代化、城镇化和新农村建设协同发展的新局面。① 在这个意见中，还公

---

① 国务院办公厅《关于支持农民工等人员返乡创业的意见》（国办发〔2015〕47号），2015年6月。

开发布了《鼓励农民工等人员返乡创业三年行动计划纲要（2015－2017年）》。在我国经济转变增长方式、提高增长质量，并由中等收入迈进中高等收入、获得增长动力的重要时期，充分发挥新生代农民工在经济发展中的能动性、主动性，支持新生代农民工提高其人力资本积累水平，必将成为促进我国经济增长方式转变的重要抓手。

国家关于农民工，特别是新生代农民工各项政策的不断出台，正是党中央、国务院非常重视农民工、十分关注其存在的各种问题的具体体现。相信在党中央、国务院的高度重视下，涉及新生代农民工人力资本积累方面的各种问题都将会得到有效解决。

（三）新生代农民工所处的新经济时代

与经济发展的时代特征相同，在上一个经济周期，我国的经济发展主要依靠房地产等基本建设投资拉动。老一代农民工进城务工基本都在建筑、安装以及装修等行业，这些行业的务工特点是项目式或工单式，务工存在间断性与非持续性。老一代农民工基本上以建筑项目为依托，有项目就有劳动，就有工作，就有收入；没有项目就没有了工作，也就没有收入。

目前，我国经济受到"三期叠加"因素的影响，面临经济结构的深度调整与经济发展方式的稳健转变，刺激消费需求和发展新型城镇化已是大势所趋，环保、节能、高附加值的产业将成为未来我国经济动力的新引擎。此外，近几年在互联网经济快速发展的条件下，电商经营模式越来越深刻地影响着社会发展与居民生活。在互联网经济模式的爆发式发展中，物流、配送行业得到了空前发展，成为近年来吸纳新生代农民工就业的主要行业。如顺丰速运、圆通速递、韵达快递、如风达快递、申通快递等接收了大量的新生代农民工作为配送员（除了少数女性新生代农民工可以做些电话客服外，大都从事配送员的工作）。这些配送员，每天穿街走巷，工作时间长、压力大，基本没有工作午餐，非常辛苦与忙碌，闲暇时间少，用于学习"充电"的时间基本没有，这些新生代农民工群体，需要不断地改善其工作境遇，并通过各种路径对其人力资本进行投资，进而增强其人力资本积累效果。

二 新生代农民工的时代特征

新生代农民工的年龄大多在 16～36 岁，这个群体的"城市梦"比老一代农民工更强烈，大多数新生代农民工不愿意在结束了好几年的打工生涯后再回到家乡务农。本研究通过调查与总结，归纳出新生代农民工基本具有"四高二低"的特点。其中"四高"：一是在学历教育方面，新生代农民工虽然比城市青年低，但比老一代农民工受教育的程度要高；二是更加追求物质享受，并对财富与生活的期望值较高；三是对工作的舒适稳定程度以及对更高水平的工资期待较高；四是对"市民化"的认同感、社会归属感期待较高。"两低"：一是新生代农民工的吃苦耐劳精神比老一代农民工低；二是心理较为敏感、承受挫折的能力较低。

新生代农民工拥有较强的留城意愿，其外出就业动机中的生存型经济因素减弱，而个人发展的非经济因素在不断增强。这是因为新生代民工基本没有务农经历，同时他们的受教育程度比老一代农民工更高，大多具有初高中学历，也有职业高中、中专甚至大专、本科学历。而互联网也让实用知识与新资讯的获取更加便利，这就让新生代农民工与老一代农民工有着迥然不同的生活观念和就业预期。新生代民工"不再老老实实地从事最脏、最累、最不易出头"的工作，新生代农民工已"不再省吃俭用攒钱往家里寄"，他们往往更渴望能够像"城里人"一样生活与消费。① 在受到不公正待遇时，新生代农民工与老一代农民工相比不再选择"忍气吞声"，而是选择"据理力争"或者"用脚投票"选择走人。

与所从事的工作行业相比，老一代农民工一般以"养家糊口"为首要目标，主要从事建筑行业、运输行业等重体力劳动。而新生代农民工由于受到相对较高的教育，并且具有较强的获得能力，他们将就业目标更多地投向第三产业，如服务业、服装制造业、纺织业、电子通信业中的劳动密集型企业。通过劳动换取工资收入仅仅是新生代农民工外出参加劳动的部分目的，他们更希望在所工作的城市里拥有住房、子女正常上

---

① 新生代农民工基本情况研究课题组：《新生代农民工的数量、结构和特点》，《数据》2011年第4期，第68~70页。

学、获得所在城市的身份认同等，这是新生代农民工普遍的心理预期与要求（见表 1-1）。

表 1-1　新生代农民工与老一代农民工异同点比较

比较要素		新生代农民工	老一代农民工
外部环境要素	社会环境背景	改革开放 20 年以后	改革开放前 20 年
	家庭环境背景	来自独生子女或两个孩子的家庭	家里子女数量较多
个人情况	年龄情况	1980 年及之后出生的	1980 年之前出生的
	文化情况	以高中、初中学历为主	以初中、小学学历为主
	婚姻情况	没有结婚的较多	组建家庭较多
	性格情况	不愿吃苦，怕干重活	可以吃苦，不怕苦和累
经济状况	出来务工的主要目的	为了改善自己的生活	为了改善家庭的生活
	对工作状况的期待	期盼舒适、环境好的工作	不太在乎工作环境，以能挣到钱为目标
	就业渠道	招聘信息、职业中介	老乡、同行介绍
	就业状况	有所提高与改善	比较低
融入城镇情况	居住情况	个人租房、集体宿舍	多与家人居住在一起
	与当地人往来	交往的倾向稍强	交往的倾向稍弱
	主要目标	参加培训、提高就业水平、享受法律援助	多考虑子女的教育、升学以及个人养老与工伤保险
融入心态	期待的目标	困惑、不太清晰	相对清晰
与家里的联系	干农活的经历	相对匮乏，基本没有	相对比较丰富
	与家人的经济往来	很少给家里寄钱，有时还收不抵支	把收入的大部分寄回家里

续表

比较要素		新生代农民工	老一代农民工
在城镇生活情况	对所在城镇的归属感	向往城镇生活，但归属感较低	更多地惦记家乡
	日常联系	基本上是以手机、微信、网络为主	以口信、书信为主，以手机、固话为辅
	日常生活	基本与城镇居民相同	介于传统农民与城镇居民之间
生活目标	衡量生活标准	常与城镇居民相比较	更多的是与家乡农民相比较
	未来意向	留在所工作的城镇，不想再返乡务农	等年龄大了有一定积蓄后，返乡务农

新生代农民工在所工作城市生活的同时，不仅受到城市生活方式和文化活动等潜移默化的影响，同时也会受到城市某些不良生活风气和习惯的"侵袭"，出现了"娇嫩"的农民工、"消费族"农民工、"品牌族"农民工等新情况。来城市工作的新生代农民工，有很多是刚刚从学校门出来的，包括大（中）专院校、职业学校以及高中（初中）学校等，中间没有过渡就直接进入城市工作、生活，缺少吃苦耐劳的精神品质，喜爱追求较好的物质生活。

本研究的调研数据显示，新生代农民工在外工作的月生活消费支出人均1639元，其中大约有75.35%的新生代农民工将工资收入的主要部分用在吃饭、穿衣、购物和交通等方面，有94.52%的新生代农民工购买了智能手机、笔记本电脑，还有个别的人跟潮流，购买 iPhone、iPad 和三星 Note 手机等高端电子产品。调查还发现，个别新生代农民工还追求享乐，互相攀比，发生了很多非理性消费支出的情况，例如购买名牌手表等。这些往往让工资收入水平较低的新生代农民工成为"月光族"或"透支族"，导致其在城市的生活更加窘迫与紧张。

三　相关概念界定

1. 新生代农民工人力资本投资

新生代农民工人力资本投资是指通过投资主体对新生代农民工进行一定的资本投入，以增加或提高新生代农民工的智能和体能，这种劳动能力的提高最终反映在劳动产出增加的一种投资行为。投资主体分为政府、社会、组织和个体四个方面。本研究对新生代农民工人力资本投资的探讨，从动力、路径与累积三个方面展开。

2. 新生代农民工人力资本构成

本研究的新生代农民工人力资本构成是指在传统的人力资本基础上，结合时代特征和新生代农民工的现实需求，增加了新的构成要素。新生代农民工人力资本构成具体包括职业教育、身体健康、心理健康、社会经验和学历教育等。

3. 新生代农民工人力资本投资动力

本研究的新生代农民工人力资本投资动力是指促使新生代农民工人力资本投资持续增长与不断发展的各种力量。本研究将这些动力界定为内源性个体动力、外源性企业动力和引导性政府动力三类，这三类动力会因内外部条件的变化、彼此间的相互作用，形成人力资本投资的动力系统。

4. 新生代农民工人力资本投资路径

本研究的新生代农民工人力资本投资路径是指实现新生代农民工人力资本投资效果的方式和途径。该投资路径主要由新生代农民工的投资主体（政府、社会、组织和个体）来发挥作用。

5. 新生代农民工人力资本累积

本研究的新生代农民工人力资本累积是指通过一定时间的人力资本投资活动，最终作用于新生代农民工身上的人力资本价值与成果的自然体现。

6. 新生代农民工人力资本积累效率

新生代农民工人力资本积累效率是指在特定的时间内，与人力资本投资活动有关的各种投入与产出之间的比率关系。效率与产出成正比，与投入成反比。投入产出的比值越小，表明经济效果越好、取得的效率也越高。结合传统的效率定义，本研究对新生代农民工人力资本积累效率的计算公式界定如下：

$$人力资本积累效率(E) = \frac{投入项(I)}{产出项(O)} \times 调整系数(a)$$

对人力资本积累效率（E）、人力资本积累投入项（I）、人力资本积累产出项（O）和调整系数（a）的界定，将在后文详细介绍。

7. 市民化

本研究所提及的市民化是指新生代农民工在城镇工作、生产生活期间获得作为城镇居民身份认同和相等权利的过程，如可以同等享受各种社会福利保障等，还包括新生代农民工所需拥有的市民意识、工作能力、人格心理特征等。

8. 新型城镇化

本研究所提及的新型城镇化是以 2014 年颁布的《国家新型城镇化规划（2014－2020 年)》为定义，该规划是指导全国城镇化健康发展的宏观性、战略性、基础性规划。笔者在研究过程中，更注重新型城镇化的"人的城镇化"，研究的核心思路是强调在新型城镇化物质建设基础上对"人的城镇化"的作用，也就是其对新生代农民工人力资本投资体系的创新作用和推动影响作用。

四 研究意义

目前，新生代农民工正处在生命的旺盛期，体力、脑力和身体健康状况均处于最好的阶段，打造有利于新生代农民工人力资本积累的良好环境与机制，推动其人力资本积累的生成与保值、增值刻不容缓。但也应该看到，新生代农民工群体的生产技能较低、文化素质不高，大多从事以体力为主、相对简单的工作，基本上没有就业市场的竞争力，并且缺少职业健康、卫生保健常识。这些充分说明新生代农民工群体在整体上人力资本累积状况不容乐观，需要重视并加以提高。

在提高新生代农民工人力资本积累水平的同时，也面临着机遇与挑战。从人力资本投资的动力、路径及累积等维度强化新生代农民工的人力资本积累，大力推进职业教育，激励更多的新生代农民工参加职业培训，提高其就业能力和综合素质，这是全面提升新生代农民工收入水平的必由之路，也是促进其融入城市的重要手段之一，更是为我国全面实现现代化发展积累人力资本存量的必然要求与重要课题。

本研究从多个维度入手，包括新生代农民工自身的人力资本投资特点、新生代农民工人力资本构成、新生代农民工人力资本投资路径与动力，劳动密集型企业人力资本投资与财务绩效，新型城镇化建设下人力资本投资体系创新等，提出推动新生代农民工自身价值与软实力提升、外部政策支持、环境友好的政策建议，对加快城镇化建设、促进经济和谐发展具有重要的指导意义和现实价值。

笔者系统地分析研究了新生代农民工人力资本投资的动力系统、路径体系以及累积方式，试图找出提高新生代农民工人力资本积累、促进其融入城市、解决"市民化"问题的有效途径，即通过加强新生代农民工人力资本的有效投资，提升积累效率，提高新生代农民工的劳动素质与劳动保障能力，进而提高其在市场经济中的竞争能力。

五　研究内容

本研究依据国家"十二五"规划纲要中强农惠农、改善民生、建立健全公共服务体系的战略安排和指导原则，以及我国新型城镇化发展的战略部署，以党中央、国务院关于农民工问题的一系列政策、理论为指导，在当前新经济发展的背景下，全面系统地研究我国新生代农民工人力资本投资问题，力图在动力、路径和累积等方面有所创新，并构建符合中国国情的新生代农民工人力资本投资积累体系，以促进新生代农民工人力资本投资的发展，提高社会"人口红利"，对经济与社会的进步贡献力量。

（一）在理论研究方面

在研究以现代管理理论、人力资本理论、区域经济发展理论、城镇化发展理论和效率理论为依托，对新生代农民工人力资本的特征与属性，人力资本投资的动力、路径和累积等进行深入研究，并以国家长远发展目标来研究新生代农民工人力资本的投资问题与作用机理，明确界定新生代农民工人力资本的构成要素，围绕新型城镇化建设的时代主题，创新并构建我国特有的新生代农民工人力资源竞争体系。

（二）在量化分析方面

1. 利用结构方程模型进行实证分析

本研究采用基于多自变量、多因变量的结构方程模型，综合分析新生代农民工人力资本构成的基本特征及其影响因素。利用结构方程方法，对新生代农民工人力资本构成与投资路径进行实证分析，探讨其内在机理。新生代农民工人力资本的构成有其独特性，人力资本投资路径只有与其构成相结合，才能取得良好的经济和社会效果。

2. 利用回归方法分析外源性动力

对于新生代农民工人力资本投资的外源性企业动力问题，本研究从劳动密集型企业的财务绩效与其进行新生代农民工人力资本投资的关系角度，选取新生代农民工集中就业的典型企业，进行深入的量化实证分析，以期探讨劳动密集型企业进行新生代农民工人力资本投资对其财务绩效的影响程度。在以信息和物流为基础的经济条件下，人力资本特别是通用性人力资本成为企业越来越重要的生产要素，企业完全可以也有必要主动实施通用性人力资本投资。而外源性企业动力将成为新生代农民工人力资本投资的主要动力，这是新生代农民工人力资本投资的动力源泉。

3. 利用数据包络法测算新生代农民工人力资本积累效率

作为新生代农民工人力资本投资的三维（动力、路径与累积）合成体系，最终投资的效果如何都将通过人力资本的积累效率反映出来。本研究通过研究论证，选定了新生代农民工人力资本投资的投入项与产出项指标，并以调查研究获取的数据为基础，利用数据包络分析法，对新生代农民工人力资本的积累效率进行测算，这也是对新生代农民工人力资本投资水平和效果进行综合考量、评价的前瞻性研究。

（三）在典型案例调查方面

本研究开展了大量的调查工作，以获取第一手资料与数据。在全国范围内选取新生代农民工就业比较集中的典型地区开展实地调研工作，并发放了大量调查问卷，对新生代农民工的总体特征、人力资本积累、人力资本特征、新生代农民工的工作与生活情况，以及他们对城市融入的主要期盼等问题进行了深入调查，并集中访问了典型的新生代农民工个体，以调查案例的形式予以展示，以供进一步深入分析。

（四）增加新的研究对象

1. 探讨构成新生代农民工人力资本的新型要素

本研究充分考虑经济与社会的发展变化对新生代农民工人力资本的影响。相比其他方面的研究，对人力资本的属性、分类，特别是心理资本、健康资本的研究较少，而且新生代农民工比老一代农民工有着不同的时代背景，他们面对更多的问题与压力，而这个群体的心理承受能力比老一辈弱，且这一问题日趋严重，已成为新生代农民工人力资本积累的瓶颈，应当予以高度重视。所以本研究对新生代农民工人力资本构成，不仅关注传统的教育和培训等，还关注社会经验和心理健康等新型要素，并对此进行深入分析与研究。

2. 关注女性新生代农民工人力资本状况

增加对女性新生代农民工人力资本情况的研究。在以往的研究中，对女性新生代农民工人力资本情况进行专门研究的并不多见。相对于男性新生代农民工，一方面她们在就业中是弱势群体中的弱者，另一方面她们对男性的影响，特别是在家庭中的地位及对下一代的影响越来越大。同时，女性在新生代农民工中所占的比例也越来越高，这些都需要对女性新生代农民工人力资本累积情况等进行专项的深入研究。

3. 关注新生代农民工集中就业的典型行业情况

互联网经济、电商模式的快速发展，催生了物流、快递等行业的迅猛发展，其已成为吸收新生代农民工就业的主要行业。所以本研究对新生代农民工集中就业的典型行业进行了重点调查。通过对新生代农民工集中就业的行业进行重点研究，可以更好地了解其工作、学习与生活的情况，这无疑对保证调查研究样本的代表性十分有益。

本研究的目的在于全面了解新生代农民工人力资本的基本特征，探究新生代农民工人力资本投资与积累的短板和改进方向，并以新型城镇化发展为研究背景，对新生代农民工人力资本投资的动力、路径与累积等进行创新，做到"动力协调、路径突破、累积有效"，提出在提高新生代农民工人力资本投资水平、改善工作境遇、提高权益保障、推动实现城市融入等方面的政策建议，为促进经济、社会、城镇化的发展提供支持。

六　研究方法与调查范围

本研究依据"事实归纳、理论框架、案例（经验）验证、政策建议"的基本思路，从实证与规范分析两方面入手，在梳理二元经济、区域经济、产业经济、城镇化发展、现代管理和人力资本等理论基础上，选择以人力资本投资为研究方向，在发展新型城镇化条件下，明确新生代农民工人力资本投资的动力、路径及累积等研究框架，通过"调查—研究—再调查—再研究"的方法，结合理论分析与实证调查，提出相关的政策建议，并完成综合研究。

（一）研究方法

1. 理论分析与案例分析

（1）理论分析。

利用已有的文献研究成果，结合调查所取得的资料与数据，对新生代农民工人力资本的构成与特征，人力资本投资的动力、路径和人力资本累积等方面，从宏观和微观两个角度进行理论分析，寻求提高人力资本投资积累的有效途径。

（2）案例分析。

从人力资本投资的动力、路径和累积等方面进行分析，以样本数据为基础，进行解剖式分析，并从劳动密集型企业的财务绩效对人力资本投资的影响情况进行数据分析与调查，同时对人力资本投资的构成要素进行解剖与还原，以构建新生代农民工人力资本投资的有效机制。

2. 调查方法

在本研究中，主要利用如下调查方法。

（1）田野调查法。

在本研究中大量应用田野调查法，通过实地调查获取数据信息和鲜活案例，并通过深入基层，深入新生代农民工的输入、输出地了解第一手可靠资料。

（2）专家调查法。

本研究选择典型地区的有关第一手资料，邀请有关专家进行专项研讨，同时结合前期有关研究积累的数据进行系统分析，对各种观点、意见进行评价，在改进和完善的基础上为本研究提供相关依据。

3. 规范分析与量化分析

（1）规范分析。

本研究规范分析了国内外人力资本开发、分布、积累及监督评价的经验与启示，广泛汲取并综合经济学、管理学、教育学和社会学等学科的研究成果，在收集与新生代农民工人力资本投资相关的政策文件和文献资料的基础上，从最新理论研究的角度梳理、分析新生代农民工人力资本构成与投资趋向。

（2）量化分析。

本研究综合运用结构方程、回归分析、数据包络分析等模型，利用多种定量分析方法，并通过大量现场调查与问卷调查获得的数据，对新生代农民工人力资本构成与投资路径的关系、投资积累效率等进行量化分析。

另外，还从外源性企业动力的角度，对企业的通用性人力资本投资与其财务绩效关系进行了深入的实证分析，以期说明外源性企业动力的可行性，并提出推进企业加大对新生代农民工人力资本投资的政策建议，使其成为新的投资动力增长源。

（二）调查范围

本研究十分重视样本数据的收集和现场访谈的效果，重视对基线调查方法和专家调查法的应用，对新生代农民工集中就业的东部大型城市等输入地进行实地调研，还调查、访谈了相关的典型企业（在当前快速发展的电商模式中，物流配送、快递行业成为吸收新生代农民工就业的主要行业，本研究对该行业中的典型企业，如顺丰速运、圆通快递等进行重点调研），并对典型行业的新生代农民工进行现场访谈和问卷调查，力求样本数据的可靠性、广泛性和代表性；在现场调研时采取问卷调查和小组座谈相结合的方式。

为了掌握新生代农民工人力资本的总体情况，课题组经过充分的讨论与准备，并征求有关专家意见后，选取了北京、上海、广州、深圳、天津、南京、杭州、济南、福州、成都、武汉和昆明 12 个大型城市。分别于 2014 年 6 ~ 8 月、2015 年 3 ~ 5 月、2015 年 9 ~ 11 月和 2016 年 4 ~ 6 月开展了四个阶段的现场访谈和调查问卷的发放与回收工作。

本研究通过发放问卷、走访等方式累计对 65 家各类新生代农民工集中就业的劳动密集型企业（包括物流、酒店服务等行业）进行调研与相关数据的采集，实证分析了劳动密集型企业通用性人力资本投资对其财务绩效的影响等。另外还对新生代农民工人力资本构成与投资路径关系等方面进行了结构方程分析，提出了新生代农民工人力资本投资路径应与其人力资本构成相匹配，并以人口统计特征为依据，进行分类投资的观点。

作为样本问卷调查的重要补充，本研究还对分布在各行业的典型新生代农民工的工作、生活、家庭情况以及未来愿望等情况进行面对面访谈，并在项目报告中以个体案例的形式予以展现。

综上所述，本研究在广泛收集文献资料的基础上，以数据说话，以访谈调查所获得的第一资料为基础，形成了本研究的结项报告。

七　主要观点

从我国经济与社会的发展实际情况来看，新生代农民工已经成为劳动力队伍的主力军，提升新生代农民工人力资本投资是延缓我国人口红利"拐点"出现、保证经济稳定增长的有效途径之一。

（一）多维度开展对新生代农民工人力资本投资的研究

对新生代农民工人力资本投资的研究可分为动力、路径和累积三个维度进行。动力维度可分为内源性个体动力、外源性企业动力和引导性政府动力；路径维度不能简单地将人力资本视为整体进行投资，而应按人力资本的类别与属性，以不同的方式来完成投资；累积维度要强调累积的效果，并重视在新型城镇化下对新生代农民工人力资本累积、就业的正向影响作用。本研究突出探讨了"动力协调、路径突破、累积有效"的新生代农民工人力资本投资问题。

（二）新生代农民工人力资本投资需要良好的环境

当前，对新生代农民工不仅需要补充教育资本，更需要补充职业资本、心理资本和社会资本等，而这些都需要有一个良好的投资环境作为支撑。投资环境不仅包括宏观层面的政策导向、监督与评价机制，中观层面的投资规划与配套机制等，还包括微观层面的具体落实，即调动、引导企业投资动力，如各级工会组织的积极介入，各类帮扶实体的援助以及鼓励新生代农民工的自我人力资本投资等。投资环境优劣对投资效果有着重要的影响。只有通过构建良好的新生代农民工人力资本投资环境，才能建立起多位一体、形式灵活、方式多样、效果良好的投资模式。

（三）新生代农民工人力资本投资需要多样性的路径支持与动力要素

社会与经济条件的变化对新生代农民工人力资本投资方式、资金来源等有着重要影响，这就需要有多样性的投资路径给予支持，打破原有的、固定的投资模式，根据人力资本构成情况，通过路径创新方式相应地进行调整。从不同人口特征的人力资本发展阶段、不同的人力资本构成和不同的投资主体等角度，结合新型城镇化发展、农民工返乡创业等新政策，实现对新生代农民工人力资本投资的路径创新和突破，而且还要做好各个不同路径间的交替组合，以取得良好的投资效果。

（四）注重新生代农民工人力资本投资不同主体的动力协调

从投资主体的角度看，对新生代农民工人力资本投资有着各不相同的动力，因内外环境的不同，这些动力因素可分为内源性因素和外源性因素。新生代农民工人力资本投资与增长不是由某一单独的动力类型来推动的，而是由各种不同的动力类型发挥联合与协同作用，一并维持与拉动。特别是从新生代农民工分布与承载的视角看，企业吸纳了大部分新生代农民工，是其人力资本投资最主要的外源性动力，所以应为企业对农民工人力资本投资创造良好的内外部环境，激发企业积极发挥外源性动力作用，成为新生代农民工人力资本投资的重要支柱。另外，新生代农民工自身也有较为强烈的提高社会资本、心理资本积累的要求，这种内源性动力应在企业，尤其是工会等社会组织的帮助下积极实现。

（五）新生代农民工人力资本投资要以其人口特征为考量

不同的人口特征具有不相同的人力资本构成诉求，不考虑其特征而进行简单、粗略的投资，不可能取得好的投资效果。例如，就性别而言，其人力资本构成各不相同，男性新生代农民工人力资本投资更偏向于在劳动技能、社会资本等方面，而女性新生代农民工人力资本投资更偏向于在学历教育、职业保健和心理辅导等方面。另外，不同年龄的新生代农民工对人力资本的构成诉求也不尽相同。相对来说，年龄大的新生代农民工更偏向于提高劳动技能、身体保健和社会关系的扩展等，而年龄小的新生代农民工则更偏向于提高学历、参与文体活动以及适度的心理压力排解等。所以，从人口特征出发，充分考虑不同的人力资本需求，进行有针对性的"分类式""点对点式"的指向性精准投资，才会取得"事半功倍"的投资效果。

（六）激发企业对通用性人力资本投资的积极性，提高其有效性

作为市场经济最为活跃的组织，特别是新生代农民工集中就业的企业，应该承担起对新生代农民工人力资本投资的主要责任。本研究通过量化分析证明，企业只要进行有效的、有特点的人力资本投资，不仅不会"拖累"企业，反而会对其财务绩效有着正向的促进与推动作用，所以企业应更加积极主动地进行人力资本投资。作为新生代农民工人力资本投资外源性动力——企业完全可以成为投资的主体，发挥其更多更好的作用。

（七）强调新型城镇化对新生代农民工人力资本投资与累积的作用

对新生代农民工人力资本投资与累积的研究，应放在我国

新型城镇化背景下进行。2014 年 3 月正式发布的《国家新型城镇化规划（2014 ~ 2020 年）》指出，新型城镇化的核心是强调"人的城镇化"，其首要任务之一就是要有序推进农业转移人口市民化进程与效果，并用专篇对有序推进农业转移人口市民化做出了部署。所以，对于新生代农民工人力资本投资的研究，一定要将其动力、路径与累积等因素放在新型城镇化的背景下来考量论证，通过深入研究新型城镇化所带来的影响，尤其是对人力资本投资动力、路径与累积带来的不同影响，力求寻找到如何加快新生代农民工"市民化"进程的有效途径。

（八）对新生代农民工人力资本积累效率的考量

新生代农民工人力资本投资的合成体系是由动力、路径与累积三位一体组成的，可通过人力资本投资的投入项与产出项比值进行积累效率测算，探索出对新生代农民工人力资本投资效果的评估模式，以促进人力资本投资效果的提升。本研究提出新生代农民工人力资本累积与一般的人力资本积累之间存在着不同，其累积不是刻意选择的结果，他们在日常生活和工作中对社会经历等知识的吸收和学习是典型的累积行为；而一般的积累是有意识地去做，以达到某种特定目的或要求，通过主观或有倾向性、目的性的选择后得到的结果，有效的累积才是真正的积累。对新生代农民工人力资本积累效率的测量，其结果是人力资本投资的动力、路径与累积各个过程合成的人力资本投资的最终成效。

八 主要框架结构

本研究依据二元经济理论、区域经济发展理论、城镇化发展理论、现代管理理论以及劳动力流动、人力资本等理论，以我国新型城镇化发展为背景，在对全国新生代农民工输入与输出的重点省份、新生代农民工集中就业行业的典型企业，进行了大量访谈、调查，在数据采集与整理等工作的基础上，对新生代农民工人力资本投资的动力、路径与累积进行了深入探讨，提出了"动力协调、路径突破、累积有效"的观点，并对外源性企业动力和企业财务绩效的关系进行了量化测算；以新型城镇化发展为背景，对新生代农民工人力资本投资进行研究，并通过对新生代农民工人力资本投资积累效率的测算，以期对新生代农民工人力资本投资的理论与机制创新做出有益的探讨。

第一章为"绪论"。本章对新生代农民工的总体情况、国家政策支持方向、新生代农民工的时代特征进行简要介绍，对新生代农民工人力资本的有关概念进行说明，并对论题的研究意义、研究内容、研究方法、调查范围和主要观点等进行简要说明。

第二章为"有关研究情况综述"。本章从国外、国内两个角度简单回顾了一般性人力资本投资与构成理论，并给予简要总结。接着对新生代农民工与农民工人力资本相关研究的一致性与差异性进行述评。重点回顾并阐述了新生代农民工人力资本的构成理论以及类型构成。对新生代农民工人力资本投资的动力与路径进行总结与述评。最后从新生代农民工人力资本构成、投资动力两个方面进行了总结与研究展望。

第三章为"新生代农民工样本调查与分析"。本章主要对本研究的调查情况进行总体说明与分析。在研究中注重新生代农民工调查样本的代表性，从北京、上海、广州及深圳等新生代农民工集中就业与生活的大型城市开展有关样本调查工作。从新生代农民工的地域分布、性别分布、年龄分布和行业分布等多个维度来抽取有关研究样本，进行问卷设计与调查工作；在新生代农民工集中就业的物流（配送）、房地产等行业选取典型企业进行调研；将新生代农民工人力资本构成、路径、累积等情况向有关专家、企业人力主管和有关专业人士开展问卷调研等工作。根据样本数据，本章中还从新生代农民工的劳动保障、身份认同、学历与培训、工资收入、女性新生代农民工等角度进行了总结与分析，力求通过对新生代农民工调研样本的总结，反映出新生代农民工整体的人力资本情况。

第四章为"新生代农民工人力资本投资的动力"。本章主要对新生代农民工人力资本投资的动力进行了深入研究。新生代农民工人力资本投资的增长是多种因素和力量共同作用的结果，涵盖了各类动力，具体可将其分为内源性个体动力、外源性企业动力和引导性政府动力。这些动力因素围绕着内外部条件的变化而变动，这种变动不是单独的动力因素在发生作用，而是多种动力因素的协同作用推动着新生代农民工人力资本投资。其中，外源性企业动力发挥着主要作用；引导性政府动力起到宏观指导作用；内源性个体动力可在国家大众创业等政策引导下被有效激发出来，在人力资本投资动力中起到支持与补充的作用。

第五章为"外源性企业动力回归关系分析"。本章深入探讨了劳动密集型企业的人力资本投资行为对其绩效的影响，真正吸引企业进行人力资本投资不仅是出于其自身效益的考量，还要从承担社会责任的角度做好新生代农民工人力资本投资工作，并以劳动密集型的物流业、房地产建筑业和酒店服务业为代表，了解各行业的人力资本投资情况，找出各类企业在人力资本投资方面的差别，以及这种差别对企业财务绩效所产生的影响，为不同的企业合理配置人力资源提供依据，引导、激励企业对人力资本投资，特别是针对新生代农民工的人力资本投资，避免产生通用性人力资本投资的不足。发挥企业在人力资本投资方面的主要作用，为企业自身和社会发展创造出最大的效益。

第六章为"新生代农民工人力资本投资的路径"。本章对新生代农民工人力资本投资的路径进行了深入探讨。新生代农民工人力资本投资的最终目标是实现其人力资本累积的持续扩大与增值，而达到这个目标必须首先找到合适的投资"路径"。随着内部与外部环境的不断变化，人力资本投资的"路径"也应随着这种变化而不断进行调整或做出新的选择，不能形成"路径依赖"，而应开辟新的"路径"，实现"路径突破"，进而提升新生代农民工人力资本投资的最终效果。新生代农民工人力资本投资不但具有人力资本投资的一般属性，还具有新生代农民工所具有的特殊属性与分类，只有遵照新生代农民工人力资本投资的特有规律与特征，不断实现路径突破，才能取得事半功倍的良好效果。本章对人力资本投资的路径选择进行了深入研究。

第七章为"新生代农民工人力资本构成与投资路径的协调"。本章结合前文对新生代农民工人力资本理论研究情况的回顾与总结，着重从新生代农民工人力资本构成与投资路径的关系进行了实证分析，将新生代农民工人力资本构成分为学历教育、职业教育、身体健康、心理健康和社会经验五个方面，对人力资本的投资主体（国家、企业、社会组织与个人）和渠道（组织性渠道、自发性渠道）进行分类，从资金、方式、环境等角度，提出新生代农民工人力资本投资与构成的关系假设，并进行了实证分析，得出新生代农民工人力资本投资需要良好的环境，需要多样性的路径与动力要素支持，对新生代农民工人力资本投资要以其人口特征为考量等结论，并据此提出相关政策建议。

第八章为"新型城镇化下新生代农民工人力资本投资与累积"。本章对在新型城镇化背景下如何进一步做好新生代农民工人力资本投资与累积工作进行了深入探讨，通过新型城镇化对人力资本投资的动力、路径与累积的不同影响进行分析，根据新型城镇化发展的内涵，分别从人力资本投资的动力、路径与累积三个维度进行了深入探讨，对新生代农民工人力资本投资与累积的联系与区别进行论证说明。同时根据新型城镇化的特点，提出了对新生代农民工人力资本投资系统的创新建议，即需要政府发挥引导性动力作用，通过引导加大对新生代农民工人力资本投资的宏观推动力，吸引、带动各方力量参与对新生代农民工的人力资本投资。

第九章为"新生代农民工人力资本投资积累效率的测算"。本章对新生代农民工人力资本投资积累效率测算进行了研究。新生代农民工人力资本投资是由动力、路径及累积等组成的综合体系，分别发挥着不同的功能与作用，对新生代农民工的人力资本投资做出了贡献。新生代农民工人力资本投资积累效率是评价、监督人力资本投资各项机制有效性的重要指标，通过测算考量新生代农民工人力资本投资积累效率的高低，对进一步做好和改进有关投资与积累工作，完善新生代农民工人力资本相关机制具有实践意义。

第十章为"关于新生代农民工人力资本投资的相关建议"。本章综合整体研究情况，结合新生代农民工人力资本投资的构成属性与特征，总结其在投资的动力、路径与累积方面存在的问题，提出在我国发展新型城镇化、大众创业等政策背景下对新生代农民工人力资本投资的改进建议。

本书的具体研究框架见图 1 - 1。

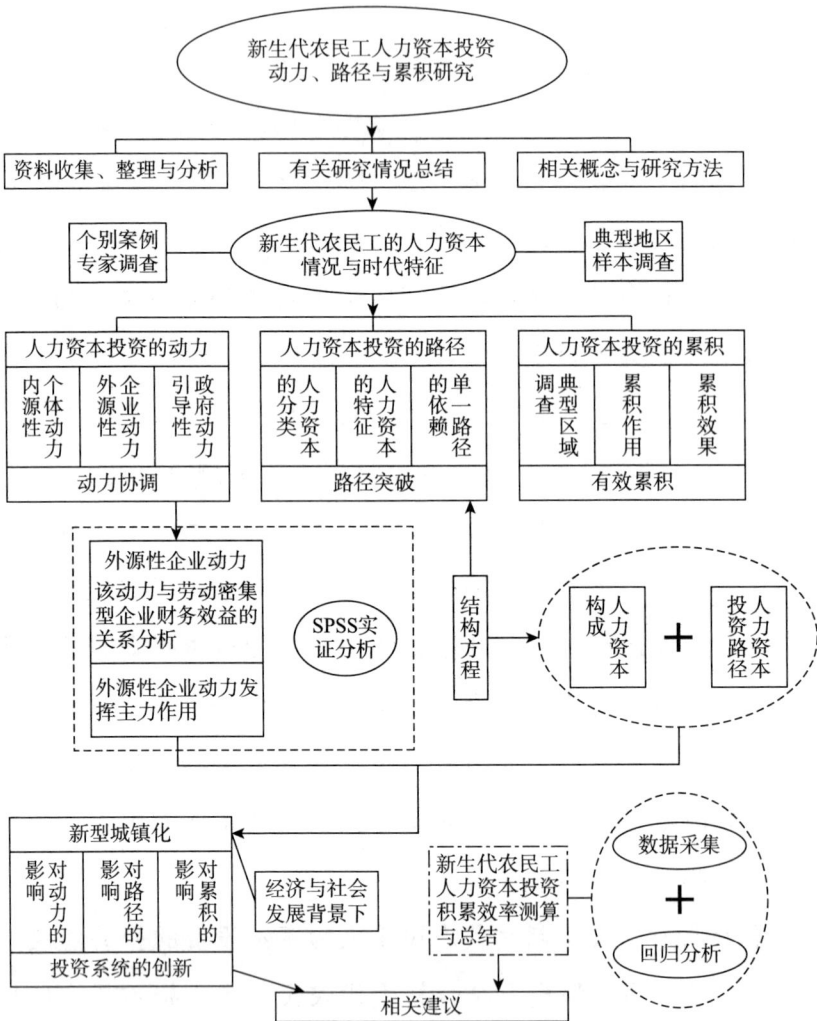

图 1 - 1   研究框架

第二章 有关研究情况综述

一 一般性人力资本投资与构成
理论的简要回顾

（一）国外研究情况

现代人力资本研究是随着古典经济学的兴起、建立而发展起来的。在最初阶段，西方经济界认为，人力资本的出现是在生产函数中增加一种原来不为所知的生产要素。舒尔茨、贝克尔、明塞尔、卢卡斯、罗默等都在不同程度上以构建技术内生化增长模型为研究方向，进一步扩展了人力资本理论。

20世纪80年代，随着新技术革命的盛行，技术和知识在经济发展中的地位越来越高，人力资本作为投入要素也越来越重要，人力资本投资的积累越多，社会生产可能性边界向外扩展也越快。卢卡斯认为，专业化的人力资本投资是促进经济增长的核心动力，他还区分了人力资本投资所带来的两种效应，一是"内在效应"，是通过正规和非正规的教育而形成的；二是"外部效应"，是通过岗位训练和"边干边学"所形成的，从而证明人力资本和知识是现代经济发展的新动力和决定性因素。

（二）国内研究情况

国内人力资本研究是从 20 世纪 80 年代中期开始的。随着我国国有企业改革和非国有经济的发展，在产权配置和利益分配改革等方面，人力资本理论逐渐成为研究热点之一。国内相关研究主要集中在人力资本投资现状、障碍分析和人力资本投资与经济增长关系等方面。主要研究成果归纳如下。

1. 对人力资本特征的研究

焦斌龙、魏杰、邵云飞等的研究认为：人力资本是通过一定的成本投入积累出来的，是劳动力的知识与技能等外在资本的表现，是由后天不断投资所形成的复杂能力。[①] 李玲、罗钢、龙海波等对人力资本的主要特征进行了研究，分别提出人力资本的资本性、附属性、稀缺性、差异性、有限性、变动性和时效性等特征，而作为人力资本载体的劳动者不参与劳动，人力

---

① 焦斌龙：《企业家人力资本的供求分析》，《财经科学》2000 年第 5 期，第 61 ~ 64 页；魏杰：《关于人力资本作为企业制度要素的思考》，《哈尔滨市委党校学报》2002 年第 1 期，第 16 ~ 18 页；邵云飞：《论人力资源向人力资本的转变》，《软科学》2004 年第 4 期，第 78 ~ 80 页。

资本储而不用，其价值便会消减，需要进行持续维护。[①]

2. 对人力资本构成与投资的研究

王艳华提出，人力资本由体能、智能、德行构成，并从劳动力的健康、受教育程度、培训状况三个方面分析了人力资本投资。[②] 张佑林提出，人力资本可分为知识型和观念型两类，其中知识型是指以学习教育、岗位培训而逐步形成的专业知识；观念型是指由传统的文化熏染、共同的意识形态而逐渐形成的价值观。[③] 朱必祥认为，身体健康是其他人力资本的有效载体和发挥价值作用的前提，健康是人力资本构成的要素之一。[④] 李东法认为，导致人力资本投资不足的主要原因是投资主体的投资功能缺失、培训体系不完善、社会保障缺失等。[⑤]

二　对国外、国内研究情况的简要总结

国外学者主要从经济学角度对人力资本的作用进行了分析与量化研究，通过引入人力资本要素对经济增长、企业绩效等

[①] 李玲：《论人力资本股权化及其对会计的影响》，《会计研究》2003 年第 10 期，第 37 ~ 42 页；罗钢：《论人力资本重要特质与激励》，《经济师》2006 年第 1 期，第 152 ~ 155 页；龙海波、蒋文武：《试论人力资本的区域差异性》，《企业家天地下半月刊（理论版）》2007 年第 4 期，第 196 ~ 197 页。

[②] 王艳华：《新生代农民工社会资本的重构》，《宁夏党校学报》2007 年第 6 期，第 85 ~ 87 页。

[③] 张佑林：《人力资本对企业制度的影响研究》，《山西财经大学学报》2007 年第 11 期，第 47 ~ 48 页。

[④] 朱必祥、周悦、方苙：《论个体人力资源开发的基本内容》，《南京理工大学学报》（社会科学版）2006 年第 6 期，第 41 ~ 44 页。

[⑤] 李东法：《农民工人力资本投资中政府责任分析》，河南大学硕士学位论文，2008。

进行实证分析，阐明了人力资本投资特别是以教育投资作为生产性资本投入的作用。认为经济发展不仅要注重物质和货币资本投入，更要注重利用教育投资的人力资本开发所起到的推动作用。总体来说，国外相关理论的研究偏重于宏观经济增长方面，对微观企业的研究也设定了较多的假设条件，与我国的经济、社会发展环境有所区别，不能简单套用。

国内人力资本研究既有国外的一般特点，又独具国情属性。其中对人力资本基础理论的研究，主要在人力资本特征与物质资本的差异性等方面；对人力资本的计量，则参照国外经济计量模型，建立人力资本量化体系。对人力资本在企业管理中的运用，认为人力资本分配既是生产要素按贡献大小参与利润分配的实现方式，也是按劳分配的实现机制。近年来，随着我国经济转型、城镇化进程加快以及产业升级等时代背景的变化，对人力资本的研究不仅需要紧贴国情，还要突出对社会特定群体人力资本理论研究的追踪与创新。

三　新生代农民工和农民工人力资本理论：一致性与差异性

20世纪90年代中期以来，随着"民工潮"的出现，农民工数量快速膨胀，有关农民工的人力资本理论研究也成为热点之一。对新生代农民工人力资本投资理论的研究，既是在国外有关人力资本研究的基本理论基础之上，也是在我国人力资本研究，特别是对农民工、农村人力资本研究的成果与理论基础之上展开的。

（一）有关农民工人力资本理论的研究情况

对农民工人力资本理论的研究，主要集中在以下几个方面。一是在农民工人力资本投资与农村经济增长、消除"二元经济"以及对城镇化的促动作用方面，如胡振虎研究了人力资本投资对农民工市民化的影响与支持。① 二是在农民工人力资本投资现状、障碍分析等方面，如李东法认为当前导致农民工人力资本投资不足的主要原因是投资主体功能缺失、培训体系不完善；② 再如王竹林、韩俊等研究了农民工面对的人力资本、权利资本等多重资本贫乏的困境局面。③ 三是在人力资本对农民工就业方式的影响方面，如谢勇认为，人力资本影响到农民工的就业方式，农民工的人力资本存量越高，获得正式工作机会的可能性也就越大；④ 再如彭国胜等也认为，农民工人力资本的存量越好，就业的

状况也就越好，而人力资本存量较低的农民工一般是通过社会

---

① 胡振虎：《加快农民工市民化推进城镇化的建议》，《中国财政》2010 年第 14 期，第 76～77 页。
② 李东法：《农民工人力资本投资中政府责任分析》，硕士学位论文，河南大学，2008。
③ 王竹林：《农民工市民化的资本困境及其缓解出路》，《农业经济问题》2010 年第 2 期，第 28～32 页；韩俊：《推进农民工市民化　提高人口城镇化水平》，《理论视野》2010 年第 9 期，第 22～88 页。
④ 谢勇：《基于人力资本和社会资本视角的农民工就业境况研究——以南京市为例》，《中国农村观察》2009 年第 5 期，第 49～55 页。

资本来实现就业的。①

（二）新生代农民工和农民工人力资本理论研究的差异性

从文字角度看，"新生代农民工"与"农民工"的区别在于"新生代"三个字，简单理解为是"新生代农民工"年龄较轻，而在人力资本投资方面与"农民工"没有质的差别，这种理解不仅泛泛，未触及本质，还易出现研究与政策偏差。新生代农民工与农民工的最大区别是他们面对的时代背景大不相同。新生代农民工处在我国产业升级、社会转型发展、城市化进程不断加快的宏观大背景下，新生代农民工的"城市梦"更强烈，大多数新生代农民工不愿意再回到家乡务农。王李归纳出新生代农民工"四高二低"的特点，即相对的教育程度较高、对财富与生活的期望值较高、对更高水平的工资期待较高、对"市民化"的归属感期待较高，而吃苦精神和心理耐受力较低。②

目前，相关研究基本上是将新生代农民工与老一代农民工视为同质性群体，认为他们具有相同的学习动机和对劳动技能的要求，很少有学者基于新生代农民工的差异性特征开展研究。有学者按照某类特征，如代际特征等进行区分研究，如刘

---

① 彭国胜、陈成文：《社会资本与青年农民工的就业质量——基于长沙市的实证调查》，《湖北行政学院学报》2009 年第 4 期，第 71 ~ 76 页。
② 王李：《我国新生代农民工人力资本投资问题研究》，《中国劳动关系学院学报》2014 年第 2 期，第 64 ~ 67 页。

传江等和唐若兰从代际分化的角度研究了农民工人力资本问题。① 而其他方面的研究相对较少，区别老一代农民工和新生代农民工差异化的专门研究则更少。在当前新的社会与经济环境下，新生代农民工与老一代农民工在对人力资本、市民化和人生目标追求等方面存在巨大的差异，并对新生代农民工人力资本构成以及如何有效进行人力资本投资与积累等都产生了实质性影响。

四 新生代农民工人力资本构成理论：传统与新型

（一）新生代农民工人力资本的传统构成

基于一般性的人力资本理论，新生代农民工人力资本的传统构成也与教育、健康和医疗保障等密不可分。如徐辉等认为，新生代农民工人力资本是凝结在新生代农民工身上的教育、知识、健康和技能总量。② 申鹏等提出，对新生代农民工人力资本的构成，既可分为教育类、迁移类、培训类和健康类四个维度，又可细分为基础教育、继续教育、医疗卫生、

---

① 刘传江、程建林：《农民工社会保障的路径选择与制度创新》，《求是学刊》2008 年第 1 期，第 55~58 页；唐若兰：《新生代农民工市民化与统筹城乡发展》，《财经科学》2010 年第 10 期，第 96~102 页。
② 徐辉、甘晓燕：《新生代农民工人力资本与收入的相关性研究》，《调研世界》2013 年第 2 期，第 34~38 页。

生活保健、在职培训、居住以及户籍等项。① 在更早的研究中，还有人认为，新生代农民工存在的就业问题，在于其学历水平低，尤其以获得正规教育较少为甚。所以从人力资本构成的角度看，教育不仅是一种消费，更是一种投资，它是人力资本投资的核心。就新生代农民工而言，教育、学历等是新生代农民工人力资本构成的基本传统要素。

另外，职业培训、健康身体等也是传统的构成要素，也成为决定新生代农民工收入状况的主导因素。刘洪银认为，通过培训提高新生代农民工的劳动技术与技能，从而使其更具有市民化的经济能力，在传统人力资本构成中，必不可少的是职业培训。② 可见职业培训作为人力资本构成的要素之一，能够让新生代农民工拥有较为熟练的工作技能，对提高劳动效率具有关键性作用。

（二）新生代农民工人力资本的新型构成

新生代农民工人力资本的新型构成是指在其传统资本构成的基础上，随着国内外人力资本理论的完善，我国经济、社会环境的改变，特别是在城镇化、市民化的影响下，对新生代农民工人力资本理论的完善与创新。如王李认为，在当前的新生代农民工人力资本构成中，一是健康投资，二是心理资本，三

① 申鹏、申有明：《新生代农民工人力资本投资研究——基于农民工代际差异视角》，《现代商贸工业》2012 年第 17 期，第 86 ~ 88 页。
② 刘洪银：《以融合居住促进新生代农民工人力资本提升》，《首都经济贸易大学学报》2013 年第 5 期，第 77 ~ 81 页。

是知识投资，但缺少对心理健康、心理辅导等精神性的人力资本投资。[1] 何雪松等采用心理健康自评量表（SCL－90）调查，指出新生代农民工的9个病态状况以说明其心理健康需要精神慰藉与环境改善。[2] 廖传景等发现，新生代农民工的心理健康水平显著低于全国平均水平，需要进行心理疏导与交流，应加强对新生代农民工心理健康咨询方面的人力资本投资。[3] 郭继强认为，政府应该积极引导教化资本投资，使其成为新生代农民工人力资本构成要素之一。补充教化资本，对帮助新生代农民工融入城市大有裨益。[4] 孙立等将新生代农民工的人力资本构成划分为三个方面，不仅包括教育资本、健康资本，还包括了经验资本，并强调了经验资本的重要作用与效果。[5] 张世伟等通过实证调查，认为教育资本对影响收入提高的作用不十分显著，经验资本对新生代农民工收入的提高具有显著作用，培训效果、心理健康等也存在较大影响。[6] 刘洪银认为，新生代农民工市民化能力的高低是人力资本投资和积累所致，是非正

---

① 王李：《我国新生代农民工人力资本投资问题研究》，《中国劳动关系学院学报》2014年第2期，第64~67页。

② 何雪松、许丹、孙慧敏：《外来女工的叙事：社会学研究的现实与隐喻》，《华东理工大学学报》（社会科学版）2008年第3期，第7~10页。

③ 廖传景、毛华配、官本宏：《城市农民工心理健康及群体差异调查研究——以浙江省温州市为例》，《生态经济》2010年第5期，第182~183页。

④ 郭继强：《教化投资：人力资本投资的新形式》，《经济学家》2006年第4期，第78~83页。

⑤ 孙立、全时：《人力资本对新生代农民工收入影响的研究》，《江苏科技信息》2011年第10期，第16~18页。

⑥ 张世伟、王广慧：《培训对农民工收入的影响》，《人口与经济》2010年第1期，第34~38页。

式学习能力提高的结果。① 陈延秋等提出，社会与心理资本应纳入新生代农民工人力资本的构成中，可以让新生代农民工通过社会联系获得实际或潜在的资源，并且在工作发展与社会交往中表现出良好的、积极的心理状态。②

刘万云提出了新生代农民工人力资本构成的三项维度和七类指标。三个维度中的教育类维度包括工作之前所受的基础教育或正规教育，工作之后所受的后续教育和岗位培训等；健康类维度包括身体健康和心智健康，前者与个人的休息时间、休假时间、保健预防、医疗保障有关，后者与企业文化氛围等存在较大关系；住房与户籍类维度包括住房的性质和条件以及户籍状况等。七类指标包括户籍、住房、普通教育、继续教育、在职培训、保健措施、医疗保障。③

张广胜等认为，与城市青年相比，新生代农民工人力资本偏低。他们将新生代农民工分为社会闯荡期（16~22 岁）、职业磨合期（23~27 岁）、事业起步期（28~32 岁），延伸了对不同年龄阶段的新生代农民工人力资本的考量。④ 不同时期的新生代农民工，其人力资本构成是有区别的，但经验与心理资本始终处于重要地位，并强调社会资本对新生代农民工就业与

---

① 刘洪银：《以融合居住促进新生代农民工人力资本提升》，《首都经济贸易大学学报》2013 年第 5 期，第 77~81 页。

② 陈延秋、金晓彤：《新生代农民工市民化意愿影响因素的实证研究——基于人力资本、社会资本和心理资本的考察》，《西北人口》2014 年第 4 期，第 105~110 页。

③ 刘万云：《新生代农民工人力资本的维度分析》，《中国农学通报》2011 年第 7 期，第 187~191 页。

④ 张广胜、柳延恒：《人力资本、社会资本对新生代农民工创业型就业的影响研究——基于辽宁省三类城市的考察》，《农业技术经济》2014 年第 6 期，第 4~11 页。

创业的影响。

（三）小结

通过对新生代农民工人力资本构成理论研究成果的回顾与总结，不难发现，新生代农民工的人力资本构成研究既受到传统人力资本理论的影响，也是在我国经济与社会环境发展变化的条件下，特别是产业结构升级与城镇化进程推动了新生代农民工人力资本理论研究的发展。所以，新生代农民工人力资本构成不仅要考虑传统意义的教育、培训、健康等因素，还要加上心理、社会资本等新型资本；对新生代农民工人力资本的考察，要从不同的年龄层面来细分，以区分处于市民化进程中不同年龄阶段对人力资本需求上的差别，这样才能更好地进行人力资本投资与积累。

五 新生代农民工人力资本投资理论：动力与路径

根据国内外有关研究与实践，人力资本投资的主体不外乎政府、企业、社会组织和个人四个方面，对新生代农民工人力资本投资的主体亦是如此。但是不同的投资主体有着不同的投资规模与方式，对人力资本投资所产生的效果也不尽相同。所以对新生代农民工人力资本投资有关的研究理论进行回顾与总结，可以找出其内在的规律与经验，以符合新生代农民工人力资本构成与积累的要求，让各种不同的投资主体形成合力，达到对新生代农民工人力资本投资的最佳效果。

（一）对新生代农民工人力资本投资的动力

传统理论研究认为，人力资本投资的动力主要来自"市场机制"，通过这只"看不见的手"来发挥投资的刺激和拉动作用，但这只是对在市场经济发展比较成熟条件下的人力资本投资的一般性规律认识。在我国城乡发展不平衡、二元经济的大环境下，"看不见的手"必然存在"市场失灵"的情况，这就需充分发挥政府对人力资本投资的引导等方式来影响、促进新生代农民工人力资本投资的增长。所以对新生代农民工人力资本投资来说，其投资的动力就是指推动人力资本投资不断发展与持续增长的各种因素。国内对人力资本投资动力的研究，主要是针对当前在人力资本投资动力方面存在的问题与不足而提出的一些见解，主要集中在以下三个方面。

1. 在投资动力方面

王春光、简新华等、王海港等人的研究认为，政府与企业对新生代农民工人力资本投资的投入过少，在教育培训制度方面存在缺陷，在培训内容与培训方式上缺乏针对性等，是造成新生代农民工工作技能不足、岗位熟练程度不高的重要原因之一。[①] 郭继强针对现有的人力资本投资局限于教育、

---

① 王春光：《社会分化和转型背景下的中国村民自治问题》，《福建行政学院福建经济管理干部学院学报》2007 年第 5 期，第 5~17 页；简新华、殷保胜：《中国自主创新的动力和实现机制》，《江海学刊》2008 年第 1 期，第 64~69 页；王海港、黄少安、李琴、罗凤金：《职业技能培训对农村居民非农收入的影响》，《经济研究》2009 年第 9 期，第 128~139 页。

培训、医疗和保健等方面，以"浙江—陕西之谜"为例，提出对其他类别人力资本构成要素投资关注不足的观点，认为政府应该积极引导进行教化资本投资，并使其成为投资的主角。① 陶伟等利用态势分析法（SWOT法），从四个维度分析了新生代农民工人力资本投资所面临的机会和不利因素，提出加大政府、社会和企业的人力资本投资力度，加强多种教育渠道建设，采用灵活的培训方式等建议。②

2. 在投资机制方面

胡清华分析了我国在新生代农民工人力资本投资方面的现状，提出了在该方面投资存在的不足，存在着投资动力机制不健全、思想文化投资不平衡和人力资本双向流动渠道不畅通等问题。③ 刘洪银认为，新生代农民工的人力资本投资分为主导型和诱发型两类。在主导型投资中，政府利用直接提供教育培训或发放培训补贴等方式，减少新生代农民工参与成本，鼓励他们主动参与；在诱发型投资中，政府做媒为市场主体创造机会，有利于市场主体自觉地进行投资。④ 王李认为，教育投资对新生代农民工收入有着积极的影响，应当从强化职业教育、建立符合新生代农民工职业特点的职业资质办法等方面提出改

---

① 郭继强：《教化投资：人力资本投资的新形式》，《经济学家》2006年第4期，第78~83页。

② 陶伟、燕东升：《基于SWOT分析的新生代农民工人力资本投资策略》，《农村经济》2012年第4期，第108~112页。

③ 胡清华：《新生代农民工人力资本投资策略探析》，《学术交流》2012年第12期，第108~111页。

④ 刘洪银：《以融合居住促进新生代农民工人力资本提升》，《首都经济贸易大学学报》2013年第5期，第77~81页。

进建议。①

3. 在投资主体方面

张正提出，企业作为人力资本的投资主体之一，由于投资观念落后、倾向于风险规避等，导致投资动力不足，在新生代农民工人力资本投资中存在责任缺失的情况。企业应转变观念，加强对新生代农民工的职业培训，落实有关法律与政策，以有效提升新生代农民工人力资本的存量。② 周密等认为，采取多主体的人力资本投入机制，是强化新生代农民工人力资本投资水平的有效方式，可以提高新生代农民工融入城市的状况。③ 马跃如、黄快生提出，在城镇化发展的环境下，政府应该积极引导与鼓励各类社会组织与企业充分发挥各自的作用，加强对新生代农民工人力资本的投资，并从政府在制度设计、加强对新生代农民工的培训等方面提出了相关建议。④

新生代农民工人力资本投资的增长是多种因素和力量共同作用的结果，涵盖了各类动力。从投资主体的角度看，这些动力可划分为内源性、外源性和引导性等类别，不同的动力因素因为内外部条件的变动，彼此之间存在相互作用的关系，新生代农民工人力资本投资的增长不是由单独一种动力因素发挥作

① 王李：《教育投资对"新生代农民工"非农收入的影响研究》，《中国劳动关系学院学报》2012年第3期，第46~49页。
② 张正：《新生代农民工人力资本投资中的企业责任分析》，《企业技术开发》2014年第8期，第40~43页。
③ 周密、张广胜、杨肖丽：《城市规模、人力资本积累与新生代农民工城市融入决定》，《农业技术经济》2015年第1期，第54~63页。
④ 马跃如、黄快生：《城镇化对新生代农民工人力资本投资和积累的作用机理研究》，《学术论坛》2014年第7期，第124~128页。

用的，而是多种动力因素共同发挥作用的结果。

（二）对新生代农民工人力资本投资的路径

对新生代农民工的人力资本投资是以实现新生代农民工人力资本持续增长与保值增值为目标的，而人力资本投资本身具有特定属性，要达到投资目标，就必须根据其特征找到合适的"投资路径"。对新生代农民工人力资本投资来说，其"路径"不能单一，不能形成"路径依赖"。目前，在国内无论是新生代农民工个人还是各类企业和政府，在投资路径的选择上都比较单一，没有细分，致使人力资本投资的路径缺失，投资结构不合理。因此，要根据新生代农民工人力资本构成的变化，不断地在"路径"选择方面有所突破和创新。

1. 政策建议

胡清华在对新生代农民工人力资本投资的路径选择上提出了五项建议，一是建立人力资本投资的运行机制；二是继续教育和培训；三是政府应转变观念，创新培训模式，建立新型的网络培训形式；四是增加文化与发展方面的投资；五是综合运用行政与市场手段，推动迁移投资，鼓励新生代农民工回乡创业等。[①] 何芳提出，应树立新生代农民工是重要人力资本的意

---

① 胡清华：《新生代农民工人力资本投资策略探析》，《学术交流》2012 年第 12 期，第 108～111 页。

识，健全社会保障体系，加大对农民工教育培训的力度。①

2. 以构成要素增加路径

张洪霞认为，培训是提升人力资本中技术技能素质的重要途径。培训可以让新生代农民工在参与非农就业时拥有非农劳动的劳动技能，让其更容易在城镇获得劳动就业的机会。因此，必须强化对新生代农民工人力资本投资的培训投入力度。②潘晶芳认为，拥有健康、积极心理资本的新生代农民工，其自我效能感越强就越愿意接受新思维、追赶新潮流，越能表现出更多的灵活性与创造性。所以政府，特别是社会组织和企业应加强对新生代农民工心理健康资本的投入力度。③张洪霞通过对 797 位新生代农民工的实证调查，采用线性回归分析方法，提出接受培训是提升新生代农民工人力资本水平的主要方式，接受培训的时间越长，人力资本积累就越多，其市民化的程度就越高。④

（三）小结

随着内外环境的变化，人力资本的投资路径也应随着变化而进行改进与创新，以不断做出新的选择，开辟新的路径和方

① 何芳：《新生代农民工人力资本提升的理性分析》，《吉林工程技术师范学院学报》2014年第 11 期，第 36 ~ 39 页。
② 张洪霞：《人力资本、社会资本对新生代农民工市民化的影响——基于 797 位农民工的实证调查》，《江苏农业科学》2014 年第 2 期，第 372 ~ 375 页。
③ 潘晶芳：《新生代农民工人力资本的提升与再造——基于城乡一体化的现实语境》，《福建行政学院学报》2013 年第 3 期，第 46 ~ 51 页。
④ 张洪霞：《人力资本、社会资本对新生代农民工市民化的影响——基于 797 位农民工的实证调查》，《江苏农业科学》2014 年第 2 期，第 372 ~ 375 页。

式。不同的人力资本投资种类可以有不同的投资路径，也可以对应多种投资路径，这需要根据人力资本投资的变化情况利用多种投资路径。各种投资路径间可以组合或交替采用，并根据内外部条件的改变打破原有的固定思维模式，从不同的人力资本发展阶段、不同的投资受体、不同的人力资本构成和不同的投资主体等方面，紧密结合各种最新政策，如发展新型城镇化和大众创业创新等，从多个维度、分类别进行新生代农民工人力资本的投资路径选择。

六　有关展望

目前，新生代农民工的年龄上限在40周岁以下，正处在生命的旺盛期，体力、脑力和身体健康状况均处于最好阶段，这也是新生代农民工人力资本积累的最好时期，应积极抓住机遇，打造良好环境与机制，推动其人力资本的保值增值，增强我国特有的新生代农民工人力资源竞争力。

（一）在新生代农民工人力资本构成方面

应该在借鉴国内外有关人力资本理论研究的最新成果，充分考虑新型城镇化、市民化、产业转型升级以及返乡创业等大背景环境，在传统的正规教育、培训以及健康医疗等要素基础上，进一步加强心理资本、知识资本、教化资本等对新生代农民工人力资本、经济能力的影响。在现有的研究中，还缺少各构成要素之间的量化分析，可以利用结构方程等模型开展实证分析，进一步量化经验资本和心理资本等新型资本，并加强其在新生代农民工人力资本构成中的地位与作用。

（二）在新生代农民工人力资本投资动力方面

应从人力资本的投资特征、构成分类的角度出发，区别政府、社会组织、企业和新生代农民工自身等投资主体，加强投资动力与路径的理论研究。在新生代农民工人力资本投资上之所以会产生路径依赖，其本质就是对新生代农民工人力资本投资的特点与属性认识不清，最主要的症结就在于没有按照不同的人力资本构成进行投资路径划分，这不利于人力资本投资的积累。在当前的研究中，从企业投资主体角度对企业绩效与人力资本投资的关系和企业开展投资的动力机理等方面深入探讨的研究较少。所以对投资动力的研究，应以人力资本构成为着眼点，分主体、分类别，特别是对企业主体进行补充完善，并结合新生代农民工人力资本构成要素，开展对投资规模、投资方式等方面的研究。

第三章　新生代农民工样本
调查与分析

　　本研究的对象是我国的新生代农民工。鉴于新生代农民工人力资本的属性，更多的是对其性质与状况等方面的研究，所抽取的样本信息大多是用来进行定性分析与属性判断的，所以在进行样本抽样设计时，将样本的精确度放在次位，主要是考察样本的代表性。只要样本的代表性高，就能为分析、推断新生代农民工人力资本的总体特征打下扎实的基础，这是本研究进行抽样设计时的关键所在。

　　本项目在总结前期有关研究、政府有关部门的统计数据以及征求、听取有关专家意见的基础上，结合项目组成员的时间、精力以及抽样成本等因素，最终以判断抽样为主要方式，依托经验分析与专家意见，辅以个案访谈，开展调查研究。

一　新生代农民工样本调查的总体情况

（一）关于新生代农民工的样本

为了掌握新生代农民工人力资本的总体情况，课题组经过充分的讨论与准备，并征求有关专家意见后，分别于2014年6～8月、2015年3～5月、2015年9～11月和2016年4～6月开展了现场访谈、调查问卷的发放与回收工作，共采集了2000个新生代农民工样本，回收问卷1536份，其中有效问卷1310个，占样本总数的65.5%。

1. 新生代农民工样本的地域分布

根据相关研究统计，新生代农民工就业和生活的主要地域在我国东部地区的各大城市，本研究选取了北京、上海、广州、深圳、天津、南京、杭州、福州、济南、成都、武汉和昆明12个城市（见表3-1）。

表3-1　新生代农民工样本的地域分布表

单位：份，%

城市	发放		收回		有效	
	样本数	占比	样本数	占比	样本数	占比
北京	300	15.0	256	12.80	242	12.10
上海	300	15.0	233	11.65	214	10.70
广州	250	12.5	166	8.30	127	6.35
深圳	200	10.0	137	6.85	116	5.80

续表

城市	发放		收回		有效	
	样本数	占比	样本数	占比	样本数	占比
天津	150	7.5	118	5.90	93	4.65
南京	150	7.5	109	5.45	87	4.35
杭州	150	7.5	102	5.10	73	3.65
福州	100	5.0	86	4.30	75	3.75
济南	100	5.0	85	4.25	71	3.55
成都	100	5.0	80	4.00	73	3.65
武汉	100	5.0	79	3.95	69	3.45
昆明	100	5.0	85	4.25	70	3.50
总计	2000	100	1536	76.80	1310	65.50

2. 新生代农民工样本的性别分布

本研究充分考虑样本的性别情况，女性新生代农民工与男性新生代农民工相比，由于受生理特征、人文环境等因素的影响，有着更为急迫与特定的人力资本积累需求，所以特别增加了对女性新生代农民工样本的抽样量。在全部发放的调查问卷中，女性新生代农民工的样本为 920 份，占比为 46.0%，在回收的有效调查问卷（1310 份）中，女性新生代农民为 556 份（表 3 - 2）。

表 3 - 2　新生代农民工样本的性别分布

单位：份

城市	发放样本			有效样本		
北京	300	男性	150	242	男性	130
		女性	150		女性	112

续表

城	发放样本			有效样本		
上海	300	男性	150	214	男性	122
		女性	150		女性	92
广州	250	男性	150	127	男性	76
		女性	100		女性	51
深圳	200	男性	100	116	男性	71
		女性	100		女性	45
天津	150	男性	100	93	男性	65
		女性	50		女性	28
南京	150	男性	100	87	男性	62
		女性	50		女性	25
杭州	150	男性	100	73	男性	52
		女性	50		女性	21
福州	100	男性	50	75	男性	41
		女性	50		女性	34
济南	100	男性	50	71	男性	39
		女性	50		女性	32
成都	100	男性	50	73	男性	39
		女性	50		女性	34
武汉	100	男性	40	69	男性	29
		女性	60		女性	40
昆明	100	男性	40	70	男性	28
		女性	60		女性	42
合计	200	男性	1080	1310	男性	754
		女性	920		女性	556

3. 新生代农民工样本的年龄分布

本研究认为，新生代农民工的年龄不同，对人力资本投资的动力、要素的需求也各不相同，基于此，本项目在进行样本设计时，充分考虑了新生代农民工的年龄情况。为此分成三个年龄组，分别为 33 岁以上组、25 ～ 33 岁组和 25 岁以下三个组别（见表 3 － 3）。

表 3 － 3　新生代农民工样本的年龄分布

单位：份，%

	年龄分组	有效样本数	占比
组别	33 岁以上	628	48.0
	25 ～ 33 岁	430	32.8
	25 岁以下	252	19.2
合计		1310	100

4. 新生代农民工样本的行业分布

目前，我国互联网经济和电商模式的快速发展，催生出为其配套服务的物流（快递）公司，该项服务由于具有对劳动技能要求低、人员需求多等特点，近年来成为新生代农民工就业的热门行业。另外，在传统行业中，房地产建筑业和酒店服务业等也吸纳了大量的新生代农民工，所以在上述行业中就业的新生代农民工自然就成为本研究关注的重点（见表 3 － 4）。

表 3 – 4　新生代农民工样本的行业分布表

单位：份，%

组别	行业分组	有效样本数	占比
	物流（快递）业	525	40.1
	房地产建筑业	316	24.1
	酒店服务业	231	17.6
	其他行业	238	18.2
	合计	1310	100

（二）关于企业（外源性动力）的样本

为了考察企业（外源性动力）开展新生代农民工人力资本投资对其财务绩效的影响，特别是在以通用性人力资本作为新生代农民工人力资本为主要特征的情况下，本研究选取了新生代农民工就业的主要行业，如物流业、房地产建筑业和酒店服务业中劳动密集型企业共 65 家，并对其近年来的财务业绩、人员培训情况进行了解与实证分析。其中，物流企业 31 家，占比为48%；房地产建筑企业和酒店企业各 17 家，占比均为 26%。

在劳动密集型样本企业中有顺丰速运、圆通速递、韵达快递、中通快递、天天快递、佳吉快运、新邦物流、鸿祥物流、北京华宇物流、好又快物流、北京丽峰时尚、北京味美康、如家、北京友谊、锦江之星、汉庭、莫泰 168、速 8、桔子酒店、格林豪泰、利嘉（福建）国际商贸、广州富力嘉盛置业、南京新宇房产、上海同轩置业、云南美城房地产等具有代表性的企业。

（三）其他问卷调查与个案访谈

1. 专家问卷调查情况

对 65 家新生代农民工集中就业的劳动密集型企业的人力、财务主管展开访谈与问卷调查工作。通过访谈与调查，获得这些企业近年来的财务、人工成本和人员构成等数据，通过实证分析，探究劳动密集型企业进行新生代农民工人力资本投资对其财务绩效的影响等问题。

对新生代农民工人力资本构成，人力资本投资的资金、方式、环境等要素，以及新生代农民工人力资本积累效率测算时所选用的指标与权重进行问卷调查，分别向政府有关部门的专家、高校相关领域的学者、工会等机构的专业人士发放调查问卷 400 份，实际回收 289 份，其中有效问卷 238，占发放问卷总数的 59.5%。本研究在收集、汇总专家反馈的调查问卷意见的基础上，对有关设计进行了完善与补充。

2. 个案访谈

考虑到本项目的研究对象为到城市工作的新生代农民工，他们具有人数众多、工作流动性大、居住情况复杂等因素。为了弥补抽样调查的不足，课题组在 2015 年 12 月至 2016 年 3 月，从抽样的新生代农民工中选择了部分人员进行较为深入的访谈，以期对新生代农民工的工作、生活、未来期望等方面有一个比较全面、立体的了解。

综上所述，本研究在广泛收集文献资料的基础上，以对新生代农民工的调查数据及访谈所获得的第一手资料为依据，进行了深度分析与论证。

二 新生代农民工样本数据分析

本研究从"劳动保障""身份认同""工作和生活满意度""居住情况""受教育程度""工作动机""学习与培训""工资收入""未来意向"九个维度对新生代农民工人力资本的抽样调查情况进行总结。

抽样调查结果显示，我国新生代农民工工作强度较大，大多数在房地产建筑、快速投递、酒店等企业从事简单的体力劳动，每天平均工作 8.5 个小时以上的人占比为 66.71%，每天平均工作 9～10 个小时的人占比为 12.11%，另外还有 3.12% 的人平均每天工作 10 个小时以上。他们虽然工作时间较长、工作不固定且经常加班，但大多数新生代农民工对此情况仍持接受的态度，这样的工作境遇对新生代农民工的人力资本无疑是一种快速消耗，且无以抵补。

（一）新生代农民工的劳动保障

抽样调查显示，在新生代农民工中签订劳动合同的占比不高，仅为 19.23%。个别工作岗位缺少有效的劳动安全防护措施，社会综合保障参保率不高，这些是新生代农民工市民化的主要障碍，在城镇生产、生活过程中，各类权益保障的缺失是新生代农民工所面临的较为严重的问题。

从抽样调查情况来看，在新生代农民工中没有与所在单位签订劳动合同的占比为36.13%，这说明还需要大力提高新生代农民工签订劳动合同的工作力度。在新生代农民工中，有55.23%的工作岗位对生产安全防护措施没有特别的要求；在要求采取生产安全防护措施的各类工作岗位中，安全生产防护比较到位的占比仅为22.31%，采用了部分安全生产防护措施的工作岗位占比为56.13%，而没有采取任何安全防护措施的工作岗位占比为21.56%。

抽样调查结果表明，如果在工作中遇到劳动就业合同纠纷，新生代农民工往往希望采取"与工作单位协商""寻求各级工会组织的帮助""向政府有关部门申诉""使用法律手段""其他手段"等方式来解决矛盾。最希望采取"与工作单位协商"来解决劳动矛盾的新生代农民工占比为36.52%，希望通过"向政府有关部门申诉"和"使用法律手段"来解决劳动纠纷的新生代农民工占比分别为13.25%和16.72%，而通过"寻求各级工会组织的帮助"解决纠纷的新生代农民工占比仅为2.6%。由此可见，新生代农民工更倾向于依靠与用人单位协商或利用政府有关部门的介入来解决所面对的各类劳资问题。这反映出各级工会组织还需要在为新生代农民工维权方面做更多的工作，以加大对新生代农民工的帮扶力度。

另外，通过抽样调查还发现，新生代农民工接受劳动保障方面的培训较少，了解维权渠道的人也不多。部分新生代农民工并不注重在劳动、生产过程中的身体保健等。

个体案例 黄××，男，31岁，未婚，福州物流配送员，高中文化。

我老家是吉林九台农村的，老家发展得比较慢，没有什么好的工作机会，就不想再待下去了。我高中毕业就出来在长春一家公司做推销员，但是由于没有工作经验，也没有多少客户，给的工资也不多，并且一年一签劳动合同，感觉没有什么意思，就辞职不干了。后来卖过保健品、卖过保险，但多是派遣制，属于"编外人员"，也就不想再做下去了。这几年互联网的快速发展，使物流配送也发展得特别快，相对于其他企业，物流企业的人员需求量大，只要不怕辛苦就能赚到钱。所以我就考了驾照，做了物流配送司机，天天搞配送，工作虽然苦，但能赚到钱。公司对于员工没有太多的文化培训或组织什么活动，总是强调安全与纪律。我快32岁了，心里着急结婚，但是没有城市户口，城里的女孩都不愿意找我们这样的。现在想多赚些钱，赶上国家发展互联网，物流业大有发展前景，而且政府又鼓励创业，自己也想搞配送业务，自己给自己打工，希望国家能在农民工创业方面给予更多的政策支持。

（二）新生代农民工对市民身份的认同情况

从抽样调查情况来看，在"农民"身份的社会认同与"市民"身份的自我认同之间，新生代农民工不得不面对较大"出入"的尴尬局面。也就是说，新生代农民工认为既然自己已经在城市中工作、生活了，那就应该具有与当地市民一样的待遇，在住房、交通、子女入托上学以及社会保障等方面享受与"城市人"同等的待遇。但是，这样的心理预期与社会现实以及周围环境对其自身的认同存在较大的差距。例如，新生代农民工对"还是农民"这一身份表示"认可"或"相对认可"的占比分别为29.12%和21.21%；对"自己是城市人"这一身份"很认同"和"相对认同"的占比分别是7.38%与16.22%。如果再从市民化的角度看，参与抽样调查的大多数新生代农民工并不认为自己是"城市人"而拥有市民身份，在身份认同上将自己视为"外来人"或者就是"农民工"。

在进行工作与生活的比较时，参与抽样调查的新生代农民工更想与同年龄组的城市青年互相对比，而不是与同龄的青年农民相比较。这表明："当新生代农民工感受到与城市人群生活和地位有差距时，逆反心理和苦闷情绪会更加强烈。"[1]

个体案例　姬××，男，36岁，已婚有子，北京司机（非运营出租车），初中文化。

---

[1]　中华全国总工会：《关于青年农民工情况调查报告》，中华全国总工会网站，http://www.acftu.org/。

我老家是河南农村的，来北京闯荡已经十几年了，原来在海淀的一家工厂做工，后来厂子倒闭了，也就不干了。没有"五险一金"，接着换了几个单位，都不长久，也没啥意思，也就不干了。后来学会了开车，原来在旅游公司开过一段车，感觉太累、待遇还低就不干了。现在在北京远郊密云拉"黑车"，收入有多有少。我这个年龄和文化程度，也找不到太好的工作，也不想找了，还不如拉"黑车"。我有两个孩子，都在北京租住房附近的农村小学借读，老大马上就要中考了，还得回老家户口所在地考试、念书去。这几年，北京房价涨得太厉害了，在北京根本就买不起房，而且政府总在清理拉"黑车"的，也不好干。现在就想再多拉几年"黑车"，多攒点钱，然后回家和媳妇开个个体运输或者搞物流配送，现在社会上不是都在讲什么电商、互联网经济吗，真想回老家创业，如果成功了就老有所养了。

（三）新生代农民工对工作和生活的满意度

抽样调查显示，新生代农民工对生活的满意度较低，其中对生活现状感到"较为满意"和"满意"的分别为18.24%和9.42%；对当前生活状态，新生代农民工认为"不太满意"和"很不满意"的分别为7.83%和8.15%，即有15.98%的新生代农民工对生活不满意或者不太满意。所以，在社会的宏观和微观层面加强制度建设和政策保障，是加快新生代农民工市民化进程的有效手段。因此，加强对新生代农民工的心理疏导，关注他们在生活压力情况下的精神健康等问题，应引起相关政府部门、各类用人单位及社会各界的高度重视，并加大投入力度，提升新生代农民工的生活满意度。

抽样调查显示，在参加抽样调查的新生代农民工中，有77.17%的新生代农民工希望能够在所工作的城镇定居生活，但由于工资收入、养老、医疗、住房保障以及子女教育等一系列问题的存在，影响了新生代农民工市民化进程。

面对未来，有近80%的新生代农民工企盼将来可以在所工作的城市中发展与生活。有65.73%的新生代农民工表示不愿意回老家农村，其中女性新生代农民工的占比更高，尤其是还没有结婚的女性新生代农民工，有23.34%的人表示"努力留在城市，最后不行再回老家"。从婚姻状况分析，没有结婚的新生代农民工计划以后留在城市生活定居的占比更多。从性别角度来看，女性新生代农民工对能够在所工作的城市稳定发展与生活的希望更加迫切。

有45.26%的新生代农民工表示，希望可以得到更多的心理疏导和更多的人文关怀，可以让他们有效地排解工作与生活的压力。还有35.12%的新生代农民工认为自己的社会交际圈子太小，社会经验与知识特别是在工作、劳保等方面的经验与知识缺乏，不知道该如何应对所面临的各种压力。另外，新生代农民工对心理健康方面的投入与关注更是少之又少，几乎可以忽略不计。很多被调查的新生代农民工表示：内心存在的苦闷和压力无法有效地排解。这就徒增了他们的心理负担，从而导致精神方面的伤害。下面以新生代农民工在快递企业的工作情况来说明这个问题。

与老一代农民工相比，新生代农民工对就业行业的选择变化更大，而且在近年电商经济、互联网经济模式的催生下，物流配送行业发展势头迅猛，成为吸纳新生代农民工就业的重点行业，在本研究的调查中，新生代农民工在物流配送企业就业的占比将近一半，这一新趋势值得关注，这也是本项目进行外源性企业研究的重点所在。

1993 年，顺丰速运诞生于广东顺德，业务发展遍及我国所有省份，并在港澳台设立了数量巨大的信息收集、市场扩展、物流配送、快件收派等业务网络和服务机构。截至 2016 年 7 月，顺丰在全国已拥有逾 34 万名职工，在全国及海外设置 12260 个营业网点。经企业有关人士介绍，在顺丰的员工中，有近 70% 的员工为新生代农民工，在配送员岗位上，新生代农民工占比达到 88%，可以说顺丰速运是典型的新生代农民工集中就业的代表企业。根据本研究调查所掌握的情况，顺丰在北京地区设立了地区总部，合计有员工近 8 万人，在北京全市共设有 213 个营业分部，平均每个分部大约有 400 人左右，每个分部的前端配送员有370人左右，其中大约有85%的配送员是新生代农民工。他们的平均年龄为27.9岁，平均工作年限为3.1年，平均学历为高中，基本上是一周休息一天，每天工作非常辛苦，走街串巷。虽然这些员工都和顺丰公司签订了劳动合同，也有"五险一金"，有不少分部也建立了基层工会组织。但是在访谈、调查中了解到，大部分新生代农民工对这份工作并不十分满意，感觉比较累，没有什么"技术含量"，做得时间越长就越觉得没有意思。从早上7点开始，一直工作到半夜，压力特别大，每天要送300～400个件，收100～200个件，如果在中秋节、十一等节假日高峰期间，每天收取的各类快件甚至达到了700～800件，整天都要走街串巷，爬楼下楼的，工作结束后，累得都走不动了，根本没有精力和时间去学习。但是这个行业，只要付出勤苦，就会换来不错的收入，每月平均收入有6000多元，高峰期时（如节假日等）收入会更多。

像在顺丰速运这样物流企业工作的大多数新生代农民工，都具有学历较低、劳动维权意识淡薄、工作时间相对较长、工作较劳累的特点，但是在他们内心中，渴望改变与提高自己，渴望改善自身的工作境遇、生活状况等想法非常强烈，对提高人力资本投资与累积水平非常期盼。

（四）居住情况

抽样调查结果显示，新生代农民工的居住条件较差，需要改善。在房地产施工企业中的新生代农民工大多数居住在开发商提供的简易房里。从表 3 - 5 中可以看到，与他人一起合租居住的新生代农民工不在少数，而独自租房居住的相对少一些。新生代农民工自有住房率很低，这不仅与高房价有一定关系，更是因为其工资收入较低所致，他们的居住条件有待改善。有为数不少的新生代农民工从事建筑业、市政建设等工作，这一方面与我国对房地产和政府工程投资比例较高有关，另一方面也说明这些行业的人员准入门槛低，劳动技能要求低，只要"有把子力气"，能干活就行。还有服务业，如快递、家政、低端装修等，这些行业的工资普遍偏低、人员替代率较高，劳动增加值较少，导致其居住条件较差。

表 3 - 5　新生代农民工居住情况

单位：%

居住条件	占比
单位宿舍	11.25
工地简易房	29.12
单独租房	22.26
与人合租	28.14
自购房	5.58
其他	3.65
合计	100

高房价、住房难是制约新生代农民工在城市定居的主要因素，没有稳定的住房，就会给人以不安定的感觉。同时，在住房方面的月供支出或租房支出太高，挤占了新生代农民工的大

部分工资收入，使新生代农民工的相对储蓄率下降，加剧了他们在生活方面的心理压力。只有安居才能促进乐业，下力气解决新生代农民工的居住难题是推动新生代农民工市民化进程的一项重要工作。

个体案例　李××，男，27 岁，未婚，北京某理发室的美发师，技工学校毕业。

原来以为念个技工学校，有门手艺，出来可以进家乡的工厂做工。但是最后没有如愿，就想出来闯一闯。先后换了几个地方，去过沈阳、大连、青岛等地，三年前来到北京。一开始不知道做什么好，后来发现剪头发也挺赚钱的，而且相对还不是太辛苦，就学了美发。现在每天从上午忙到晚上不歇气，有时候饭也顾不上吃一口。但相对还是比较好，风吹不到、雨淋不着的。就是给老板打工，没有"三险一金"什么的，而且工作也没有保障。北京太大了，房价也特别高，而且也没有户口，不想留在北京发展，等攒够了钱，有了经验，想回家开一家美发店，这一样可以挣到钱。希望政府可以在创业方面给予更多的支持，希望可以参加一些像工会什么的组织活动，希望可以早一点成家立业。

（五）受教育程度

调查结果显示，有 75.36% 的新生代农民工表示，有继续提高学历教育的愿望。有 63.15% 的新生代农民工表示，提高职业技能是他们最为渴望的，职业技能低既影响着他们在劳动力市场中提高工资的议价能力，也影响了他们的工作稳定性。

调查结果也表明，新生代农民工的教育、学历水平等虽然有所提高，如高中教育程度的占比在提高，绝大多数都完成了小学教育，但大专以上的学历占比还不高，这说明还需要提高新生代农民工的教育水平（见表 3-6）。

表 3-6   新生代农民工学历情况

文化程度	平均受教育年限	小学	初中	高中	中专	高职	大专及以上	合计	参加过职业培训
占比（%）	10.8 年	0.71	26.13	42.89	12.32	10.33	7.62	100	6.12

另外，在调查中还发现，虽然新生代农民工的文化程度不高，但新生代农民工对网络的使用情况却较为乐观，他们普遍具备通过网络获取所需信息的能力，在受访者中有九成以上的新生代农民工拥有较多的网络使用经验。这是新生代农民工一个鲜明的时代特征，也是未来提高人力资本的一个重要渠道。

（六）工作动机

抽样调查结果显示，新生代农民工进城工作的动机各有不同。有 45.6% 的新生代农民工认为，在城市工作挣钱要比农村多，有 17.9% 的新生代农民工认为机会比农村多（见表 3-7）。

表3-7　新生代农民工工作动机

动机	城市就业机会比农村多	收入比农村多	可以学到新技术	向往城市生活	为子女发展打算	提高自身社会地位	受周围人的影响	其他
占比（％）	17.9	45.6	6.7	14.9	7.7	3.8	2.3	1.1

在参与调查的新生代农民工中，"亦工亦农"型"双肩挑"的新生代农民工占比较低，占比不足3%。从到城镇参加各种劳动的时间看，2015年新生代农民工平均外出从业时间已经达到303天。而"短暂回乡参加农业生产"活动的新生代农民工占比不到7%。

另外，绝大多数新生代农民工基本没有进行过农耕劳动，没有农业技能与经验。从农业劳动能力的角度看，有89.33%的新生代农民工在农业劳动、农耕生产方面的技能与经验有限，其中有65.43%的新生代农民工从来没有接触过农耕劳动。所以，即使发生了城镇就业不景气、用工需求减少、就业形势恶化的情况，绝大部分新生代农民工也不想或者也没有能力重回农村家乡进行农耕劳动。大部分新生代农民工已经与农业生产劳动没有直接联系了，"离土还离农""会工不会农"已经成为新生代农民工的重要特征之一，这也是促使新生代农民工不断加快市民化的内在动力。

个体案例　程××，男，28岁，已婚有子，北京某房地产企业建筑工地工人，初中文化。

原来出来打工，是不想留在农村老家，感觉没有什么意思，出来后感觉外面的世界好大啊！我是跟同乡一起出来的，都快十年了，在很多工程建设工地上工作过。当初只是想学一门手艺，但现在看起来当建筑工人也不能算是一门手艺活。我们一般都是跟着项目走，住在项目建设工地上，条件不是很好，工地上管午餐，但是很一般，早晚还得我们自己解决。工资一般还是能按时拿到手，但是也会遇到拖欠工资几个月的情况。虽然企业也给配备了一定的安全防护工具，但是提高安全，还得靠自己。平时没有什么活动与安排，白天工作，晚上就是看电视、打扑克来消磨时间。我们没有加入工会组织，平时也很少接触到企业的中层和高层领导。对于未来，现在还没有想好，不知会怎么样。现在最大的愿望就是能把留在老家的老婆、儿子接来，总是两地分居也不是办法。孩子怎么上学还没想好，到时候只能走一步看一步了。希望能够通过自身的努力获得幸福生活以及社会的认可。

由于在工程建设工地打工的准入门槛较低，劳动技能要求较低，只要"有把子力气"，能干活就行。还有服务业，如快递、家政、低端装修业等，这些行业的工资普遍偏低、人员替代率较高，劳动增加值较少。这一现象表明，新生代农民工获得较好的工作机会不多，即便出现机会，也会因为没有竞争力也不能把握，往往失去更换更好工作的机会。调查发现，新生代农民工拥有相同的追求，即通过自身的努力，希望可以在所工作的城市过上稳定的生活，有"城市福利"，成为"新市民"。

（七）学习与培训

抽样调查结果显示，新生代农民工对学习与培训有较为强烈的需求，大多数人希望"边干边学"来提高自己的工作技能（见表3-8）。

表3-8　新生代农民工学习与培训情况（多选项）

学习愿望	希望参加企业培训	通过学校提高学历	掌握一项技能	参加社会组织的培训与辅导
占比（%）	83.15	25.6	75.2	52.3

从表3-8中可以看出，有83.15%的新生代农民工希望参加由企业组织、针对工作的技能培训，他们非常渴望"边干边学"的在岗培训方式，这样不仅可以提高劳动技能、积累工作经验，而且培训期间还可以有工资收入，"不耽误赚钱"。有52.3%的新生代农民工希望参加社会组织的各项培训与辅导，如人文关怀等项目，以扩大交际范围、增加社会经验。

（八）工资收入

抽样调查结果显示，上海的新生代农民工2013~2015年的月平均工资分别为3510元、4430元、5220元。虽然新生代农民工的平均工资水平在逐年增长，但是总体工资水平和增长幅度还是处于社会平均水平之下，如 2015 年上海就业人员月平均工资为 5939 元，比新生代农民工高 719 元。

若以月平均工资收入情况进行分组，参与抽样调查的新生代农民工月平均工资收入主要分布在 4001～4500 元、4501～5000 元、5001～5500 元三个档次上（见表 3－9）。

表 3－9　新生代农民工工资情况

工资档次	3500 元及以下	3501～4000 元	4001～4500 元	4501～5000 元	5001～5500 元	5501 元以上
占比（％）	3.21	7.83	20.32	25.43	29.54	13.67

总体来看，新生代农民工与城市青年相比，或者与所工作城市的平均工资收入水平相比，他们的月工资收入水平还是处于较低的状态。这需提高新生代农民工人力资本的积累水平，提高其在劳动市场上的竞争能力，稳步提高新生代农民工的工资收入水平。

（九）未来意向

抽样调查结果显示，新生代农民工对未来也是各有打算的，但大部分新生代农民不想再回农村老家务农（见表 3－10）。

表 3－10　新生代农民工未来意向情况（多选项）

未来意向	不回农村老家	留在城市，实在不行再回去	回老家创业	现在定不下来
占比（％）	71.14	34.12	13.49	11.25

新生代农民工对未来的期望，大多数是想通过个人的努力工作，能够在所工作的城市稳定生活，有房住、有户口、子女有学上，成为"新市民"。

个体案例　　王姓两兄弟，分别是 29 岁和 27 岁，均未婚，是深圳某快递公司的投递员，均是初中文化。

我们没有念高中，初中毕业后，在老家待了几年，觉得没有什么发展，就一起出来打工了。现在已经出来工作 8 年多了，一开始什么都做，卖报、摆摊，在生产手机的工厂打工，当过餐厅服务员等。我们哥俩去过上海、深圳、福州、郑州等一些地方，中间也短暂回到老家附近的县城打工。（后来）又出来了，还是感觉在家里没有太大的发展。现在我们做快递配送工作有 3 年多了，虽然比较苦，但是比在建筑工地、餐馆要轻松不少。虽然也是一天忙到晚，有时候还不能按时吃午饭，但是工作相对简单，只要按时把快件送到就可以了，没有什么技术含量，多送可以多得。我们兄弟俩合起来租房，这样可以省点钱。我们年龄也不小了，希望可以用攒下来的钱，自己创业。现在国家也提出了支持农民工创业，所以不想再给别人打工了，想自己当老板。

新生代农民工大部分是普通的操作工，基本属于通用性人力资本的范畴，很少有从事专业性的管理岗位工作，收入水平基本与城市工人相当或还要低，劳动时间明显多于城市工人。他们的就业渠道正在发生变化，网络和劳务派遣已经成为他们就业的重要途径。但是，这也导致他们在权益维护过程中面临新的挑战。企业对他们参加岗前培训的要求更高，培训内容主要是了解企业基本情况和工作流程，目的在于让他们更快地进入工作岗位，而专业性技能培训不多，这对他们长期的人力资本水平提升、未来持续发展有着非常不利的影响。尽管新生代农民工在劳动合同、社会保障方面与老一代农民工相比有所改善，但是他们与主要的竞争对象——城市工人相比仍然处于明显的劣势。例如教育水平低、劳动合同签订率低、社会保障覆盖率低，居住环境差，面临高昂的生活成本，并承受着较高的生存风险。他们更期望自己创业，但又受到创业资金的制约，因此迫切希望能够在创业扶持、技能培训、就业服务、住房保障等方面得到支持。

三　女性新生代农民工的样本调查情况

（一）学历情况

女性新生代农民工的学历以初中和高中为主，在女性新生代农民工中，取得各类职业资格、资质证书的占比近20%。现场访谈与问卷调查汇总统计的样本情况为：学历在小学及以下的有39人，占比为7%；具有初中和高中文化程度的有439

人，占比为 79%；大专及以上的有 72 人，占比为 13%。① 在调查对象中，有 67 人经过培训已经取得各类职业技能资格证，占比为 12%。

个体案例　刘××，女，34 岁，已婚有子，在北京从事家政服务业，小学文化。

在老家没有什么事可做，也挣不到钱。前几年还种过地，后来不想种地了，就跑到城里。先后去过郑州、上海，现在到北京已经 7 年多了。原来在北京近郊的一家食品加工厂工作，工作不稳定，经常加班加点，工资也不高，而且干活还非常累，没有"五险一金"什么的，工厂效益不是太好。后来在租住房附近的餐厅做过服务员，在附近的小区里做过卫生保洁员。由于没有文化，在社会上也干不了别的，前两年通过别人介绍，做了保姆，已经两年多了，工资相对稳定，做活也不是太累，感觉还行，但总做下去也不行。现在两个孩子一个在读小学 5 年级、一个在读小学 2 年级，都是在附近的农村或私人学校借读，大孩子马上要升初中了，到现在还没有着落，初步打算回老家去读书。目前，做家政是干一天算一天，没有养老保险和疾病险，只能个人买商业保险，感觉负担较重，想回老家，这几年再攒点钱，回老家开个小卖店、理发店什么的。

---

① 在被调查的女性新生代农民工中有未填报学历者。

（二）就业情况

调查显示，女性新生代农民工在就业地域、外出工作时间、就业工作方式等方面，因年龄不同，存在着较大的差别。年龄在 25 岁以下的女性新生代农民工，一般到距离老家较远的城市就业，而且连续在外工作的时间较长，属于常年性的外出工作，平均外出工作时间为 5 年。年龄在 25 岁以上的女性新生代农民工，大约有 35.5% 选择距离老家更近的城市工作，并以季节性工作为主，其就业的行业一般集中在餐饮娱乐业、零售商业、服装加工业和建筑业等领域。其中餐饮娱乐业是她们主要的就业领域。

个体案例 郑××，女，26 岁，未婚，在杭州某酒店餐厅做服务员，初中文化。

> 要说不着急结婚那是假话，我都 26 岁了，快成为"剩女"了。我的文化不高，而且就是个餐厅服务员，不好找对象。我们单位工资不高，但吃饭和住宿条件还可以，单位全都管了。平时单位没有什么活动安排，也没有工会组织去搞什么活动。单位也没有搞什么职业培训，除了平时强调服务态度和服务技能外，也没什么其他职业培训。我现在着急的是想提高学历，学点专业知识，以后可以换个工作，毕竟年龄越来越大了，也不能总做餐厅服务员啊，对前途比较迷茫。

（三）外出工作的原因

女性新生代农民工在外出工作时，以经济因素为主，也可能还有其他的原因。相对落后、封闭的农村生活和家庭生活拮据是女性新生代农民工离家外出工作最主要的原因。调查显示，女性新生代农民工离家外出工作的原因是帮助家里挣钱居第一位，之后依次是希望得到发展机遇、维持生计、自立自强、多长知识、离开农村。

（四）工资与工作情况

女性新生代农民工的工资收入与男性新生代农民工相比显著偏低。调查显示，女性新生代农民工月平均工资为2650元，比男性新生代农民工低410元。而且女性新生代农民工的工作稳定程度也比男性新生代农民工差，平均每天的工作时间也高于男性新生代农民工。抽样调查发现，离家工作就业的女性新生代农民工在一年内至少要变更1~2次工作，这种情况占比为43.52%。在工作时间上，女性新生代农民工每月平均工作26.65天，每周平均工作6.03天，每日平均工作9.13个小时，比男性新生代农民工日平均工作时间多0.43个小时，特别是在家政服务、餐饮服务等岗位就业的女性新生代农民工，她们每天平均工作的时间更长，并且工作时间弹性较低。

（五）权益保护

女性新生代农民工普遍维权意识欠缺，劳动保护欠缺。调查显示，有31.5%的女性新生代农民工没有签订劳动合同。在劳保安全方面，认为劳保安全"好"的女性新生代农民工占比为31.67%，认为"一般""较差""缺乏"的占比分别为41.43%、15.35%、11.55%。女性新生代农民工在工作期间发生过劳务合同纠纷的占比为21.43%。由于缺乏法制观念和专业的法律知识，再加上解决劳动合同纠纷的法律维权成本相对较高，当发生纠纷时，通常的解决方式依次是：与工作单位负责人妥协解决、选择忍耐、求助于亲朋或媒体、不了了之、通过法律解决。

权益保护和社会保障程度低。调查显示，有48.2%的女性新生代农民工参加了新农村合作医疗保险，有27.43%的女性新生代农民工享有法定节假期，有23.57%的女性新生代农民工接受过生育、生殖健康检查。但女性新生代农民工在总体上参加失业保险、养老保险、医疗保险和妇女"四期"保护的占比还比较低。

（六）文娱活动

女性新生代农民工的文娱活动较为单调。主要是用手机上网、看电视剧、与家里人通电话、找朋友或老乡聊天等来消磨时间，有针对性地读书看报的人较少，即使看书也主要是以言情、武侠等娱乐性小说为主。那些在小企业、饮食服务业以及建筑工地就业的女性新生代农民工工作时间都比较长，劳动比较紧张，基本没有文娱活动。

（七）缺少健康的心理卫生公共服务

女性新生代农民工大多数是二十几岁，特别是"90后"的只有初、高中文化程度的女性新生代农民工，虽然对城市生活接受能力强，却不懂世事，很容易上当受骗，致使未婚先孕、人工流产等现象时有发生，对她们的身心健康造成了极大的伤害。缺少健康公共服务、健康知识讲座，以及没有心理咨询公益热线等，也有个别女性新生代农民工"跳楼"等极端事件发生。

（八）渴望得到城里人的理解、尊重

调查显示，女性新生代农民工未婚的占比为51.67%，她们盼望中介机构可以定期举办一些青年联欢活动等，增加新生代农民工与城市青年之间的联谊交流，以便解决配偶等问题。还有11.62%的女性新生代农民工对在城市里工作、生活感到不习惯、不适应，由于缺乏沟通与交流，经常会自我感觉郁闷或压抑，缺乏被认同感与归属感。女性新生代农民工并没有真正融入所在城市的群体中。虽然女性新生代农民工对其所工作、生活的城市人们有一定程度的信任，但在碰到困难时，能够想到去居委会或其他有关帮扶机构进行求助的人却非常少。

个体案例　王××，29岁，已婚有子，在上海某保险公司做推销员，高中毕业。

要说是留在上海还是回家乡发展，我当然想留在大城市上海了，发展机会多嘛！但是留下来真的很难，自己努力争取吧。本人高中毕业后出来，目前已外出工作11年了。这11年的工夫也算没有白白浪费，参加自学考试拿到了大专文凭，刚刚也拿到了中级经济师资格证书，但是想拿到上海户口还是很困难的。我和老公原来打算争取拿到户口，然后攒钱买套小房子住，这样可以安定下来。但现在的房价越来越高，我们除了吃饭、租房和孩子花销，剩不了几个钱。而且我在保险公司工作，是派遣制，有可能转为正式工，但是难度特别大。为了孩子以后的发展，就是再困难，也想在上海坚持下去，如果可能申办下来户口，再能申请经济适用房，那就太好了。总之，为了孩子，希望业绩越做越好，有一天可以转为正式工，这样各方面的待遇可以好很多呀。

四　对新生代农民工调查情况的总结

调查发现，新生代农民工受教育的水平较低，这与农村相对落后的基础教育有关，平均教育水平与城市里的同龄人相比明显处于劣势。技能水平以及工作稳定性都不高，其所从事的工作劳动替代性较高，劳动产生的附加值较低。由于工作变动频繁，造成居住流动性较高，这也使新生代农民工更容易产生不稳定的感觉。由于工作的不稳定以及工资收入相对较低，使这个群体的融资能力、住房解决能力都比较低，这也是其融入城市的主要壁垒。同时，数据也显示，新生代农民工的健康保障也比较低，作为人力资本的承载体，若没有健康的身体，则人力资本就会失去效用，变得毫无价值。所以，提高新生代农民工的健康保障，不仅对他们个体来说效果显著，就是对新生代农民工群体的人力资本保值与增值、挖掘我国人力资源大国的优势都具有非常重要的作用。调查还显示，新生代农民工对子女入托、上学的解决能力较低，这成为他们融入城市实现"市民化"的又一壁垒。这个问题应引起国家的高度重视并尽快得到有效解决。另外，一些新生代农民工的创业意识与创业意愿较低，他们大多表示不愿意"冒险"，还是选择沿着老一代农民工的"打工"之路在蹒跚前行。

当然，在调查中也有可喜的发现。一是新生代农民工要求培训的意识较强，他们已经认识到通过培训可以增加劳动技巧、提高劳动素质，使他们在劳动力市场中更具有竞争力，同时也能提高工作的稳定性，对改善自身的生活、工作状况有很大的帮助。二是新生代农民工的法律意识有所增强。在新生代农民工中，可通过普及法律知识，特别是劳动权益、劳动保障等方面的法律，让他们能懂法、会用法，可以用法律手段维护自身权益。随着时代的进步，互联网的广泛应用，使信息的获取难度大大下降，这使新生代农民工在劳动保护意识、消费意识和城市融合意识等方面有较大的提高，这反映出新生代农民工自我意识的整体觉醒。

在观念上，新生代农民工已由原来的进城赚钱，再回老家发展，转变为现在的在城市中就业，与城市一起发展；在工作方面，新生代农民工已由原来主张及时支付工资转变为现在主张平等加入社会保险；在社会生活方面，新生代农民工已由原来主张改善工作状况向现在主张与企业、城市共同发展转变。

新生代农民工就业的短期化趋势明显。抽样调查结果显示，男性新生代农民工平均每份工作的持续时间为 2.23 年，而女性新生代农民工平均每份工作的持续时间为 1.43 年；新生代农民工第一份工作由 3.6 年减少至 2.5 年，上一份工作由 2.7 年减少至 1.5 年，每份工作平均持续的时间由 3.2 年减至少 1.5 年。新生代农民工内部也呈现较大的差异，与 20 世纪 80 年代出生的新生代农民工相比，1995 年以后出生的新生代农民工平均每份工作持续时间缩短至 0.92 年。从性别来看，女性新生代农民工打短工的趋势更为明显，平均工作时间比男性新生代农民工缩短 1.7 年；女性新生代农民工平均年龄比男性新生代农民工小 2.41 岁，这表明女性农民工一般只有在年龄较轻、未婚未育时才能在劳动力市场中占有一席之地。此外，新生代农民工通过职业流动获得工资提升的比例本来就相当低，而女性新生代农民工的这个比例比男性还低 10 个百分点左右。可以说，性别因素也是新生代农民工内部收入不平等的重要原因，女性处于更为弱势的地位。

综上所述，新生代农民工，尤其是女性新生代农民工对改变她们的工作境遇、生活状况有着更为急迫的要求，她们渴望成长、渴望提高自身的工作素质，以改善工作境遇，争取更好的生活。当下出现的"用工难，找工作也难"的两难状况，也是新生代农民工人力资本状况不容乐观的现实体现。他们的知识层次较低、劳动技能较少，多数人只能从事枯燥、简单的体力劳动，缺少劳动竞争能力，没有劳动健康保险。这种局面，不仅成为新生代农民工进一步发展的障碍，也对整体的经济发展形成负面影响。所以，提高新生代农民工的人力资本累积水平，不仅是全方位提升新生代农民工尽快适应城镇工作与生活的重要渠道之一，也更是加快推进城镇化进程、促进经济和社会和谐发展以及消除二元经济结构的现实需要。

第四章　新生代农民工人力资本投资的动力

　　在物理学中，动力的概念通常是指机械做功的各种作用力，在社会学中，动力的概念常常用来比喻推动各项工作、各类事业等发展和进步的力量。所以对新生代农民工人力资本投资来说，动力是指促使新生代农民工人力资本投资持续增长和不断发展的各种力量。

　　新生代农民工人力资本投资的增长是多种因素和力量共同作用的结果，涵盖了各类动力。本研究将这些动力界定为内源性个体动力、外源性企业动力和引导性政府动力三类，这三类动力因素会因为内外部条件的变化相互作用。新生代农民工人力资本投资的增长并不是由单一的动力因素在发生作用，而是多种动力因素协同发挥作用，这就形成了新生代农民工人力资本投资的动力系统。这种多因素协同发挥作用的动力系统对新生代农民工人力资本投资的增长起到了极大的推动作用。

一　新生代农民工人力资本投资的内源性个体动力

根据管理学的有关理论，动力可区分为物质动力和精神动力，这是两大重要的力量源泉。在现代经济社会中，经济利益是物质动力的表现形式，是推进实践活动的重要因素，可以大大提高各项工作的推动力并取得实际效果；个人精神追求包括理想信仰、人生价值、个性修养、心理健康等，是精神动力的反映，不仅可以弥补物质动力的不足，而且精神动力本身就蕴藏着巨大的潜力，在特殊情况下，其可以成为关键性的力量，甚至发挥出决定性作用。个体动力就是新生代农民工人力资本投资的内源性动力，在本研究中，这种内源性动力主要是指由新生代农民工自身迸发出的内在投资动力。笔者通过对新生代农民工人力资本投资的内源性个体动力情况的论述，并以女性新生代农民工的情况为例进行探讨，从整体上反映新生代农民工人力资本投资的内源性个体动力情况。

（一）新生代农民工人力资本投资的动力源泉

根据马斯洛需求层次理论，将个体需求分成生理需求、安全需求、社交需求、尊重需求和自我实现需求五类，并假设个体如果同时面对食物、安全、爱和尊重的缺乏，则对食物的需求是最为强烈的，其他需求都显得不重要了。只有当个体从生理需求中解脱出来时，才有可能考虑更高级的需求，并不断追逐这些需求。在我国，新生代农民工作为城镇新移民和劳动力主力军，不仅创造了大量的社会财富，自身也在经济与社会的进步中不断得到发展，已经摆脱了基本需求，更多的是不断追求社交和尊重等方面的需求，甚至还有更高的自我实现需求，这些都使新生代农民工产生强烈的自身投资动力，以期望通过不断投资与积累而取得更大的进步。

大多数新生代农民工不愿意在结束了好几年的打工生涯后再回到家乡务农。在学历教育方面，虽然比城市青年低，但是相比老一代农民工，新生代农民工的学历程度还是比较高的，他们更加追求物质享受，并对财富与生活、工作的舒适稳定程度和更高的工资有着较高的期望值，同时对"市民化"的认同感、社会归属感也有着更高的要求与期待，这些都是激发新生代农民工人力资本投资的强劲动力。

另外，对新生代农民工来说，目前就业的行业与领域大都属于通用性人力资本范畴。通用性人力资本所涉及的劳动技能具有成熟化、标准化和低协作化的特点，能够以较低的成本在企业间无损耗地转移。所以，也可从这个角度激发新生代农民工自我人力资本投资的动力，这种自我投资最直接的受益者就是新生代农民工自身。在通用性人力资本的概念下，新生代农民工进行自我人力资本的支出与收益是相匹配的，能够给新生代农民工在就业选择、工资收入等方面带来直接利益。

（二）女性新生代农民工人力资本的投资愿望更为强烈

2015 年，在全国的新生代农民工中女性占比近 1/3，总人数达 4100 万人，而且女性新生代农民工的人数增长速度快过男性新生代农民工。以往的研究多强调新生代农民工的整体，而没有专门针对女性新生代农民工的情况进行深入研究。由于家庭、自身和社会等多种因素的影响，女性新生代农民工除了需要面对新生代农民工的共性问题外，还存在着特殊性问题。女性新生代农民工不仅仅是弱势群体，还是新生代农民工中最为脆弱的群体，新生代农民工的各类问题在她们身上展示得最为集中和突出。她们对通过人力资本投资提升自己、改变现状、改善生活的美好愿望更为强烈与迫切。

二　新生代农民工人力资本投资的外源性企业动力

随着知识经济、信息时代的持续发展与影响，人力资本逐渐取代货币、劳动力和土地成为新经济时代的最大特征，也成为企业最为重要的生产要素。特别是劳动密集型企业越来越依赖所能调动的人力资本，并通过与其他生产要素的有效结合来创造价值，保持企业的竞争能力，提高经营效益。

企业不仅是市场经济活动的主要参与者，还是雇用劳动力、解决就业最多的经济组织。在我国经济发展过程中，各类企业吸收了大量农民工，特别是新生代农民工，成为解决新生代农民工就业的主要场所。劳动密集型企业的生产与经营管理活动，其实质是由人力资本、物质资本和其他资本共同发挥作用来完成的，人力资本积累对拉动生产发展的效果越来越重要，人力资本具有投资杠杆作用，能够为企业创造出超过自身价值多倍的收益，成为推动企业产出增长的重要因素。企业通过人力资本投资，使劳动者个体的综合素质得到相应的提高，使其拥有更高的生产效率。在其他生产要素的投入规模、产出效率保持不变的条件下，单由劳动者个体工作生产效率的提升，也能推进企业各类产出的快速增长。探讨人力资本对物质资本的作用与效果，是对外源性企业动力的本质认知，有利于更好地激发劳动密集型企业的人力资本投资动力。所以，如果劳动密集型企业能够主动做好新生代农民工的人力资本投资工作，充分发挥其作为人力资本外源性动力的作用，会起到事半功倍的投资效果，极大地促进新生代农民工人力资本投资的增长。

另外，从外源性企业动力的角度来看，劳动密集型企业作为独立运营的主体，在追求经营效益的同时，虽然也在一定程度上承担着相应的社会责任，但始终还有成本问题的存在。对其进行人力资本投资，特别是对新生代农民工这种通用性人力资本属性较高的群体投资，这种成本投入对企业的财务绩效到底有无直接影响或有什么样的影响，关系到劳动密集型企业进行通用性人力资本投资动力的强弱。通过对外源性企业

动力的研究，引导劳动密集型企业有效地开展通用性人力资本
的投资工作。

三　新生代农民工人力资本投资的引导性政府动力

　　传统的研究理论，特别是西方研究理论认为，人力资本的
投资驱动力主要来源于"市场机制"，并通过这只"看不见的
手"来发挥投资的刺激和拉动作用，但这只是对在市场经济发
展比较成熟条件下的人力资本投资一般性规律的认识。在我国
城乡发展不平衡、二元经济长期存在的背景下，在"看不见的
手"不能发挥作用的"市场失灵"情况下，必须充分发挥政府
对人力资本投资的引导作用，即充分发挥引导性政府动力，国
家（政府）通过直接投资、财政扶持和制度支持等方式来引
导、影响、促进新生代农民工人力资本投资的增长。

（一）充分发挥政府"有形的手"的宏观管理作用

　　我国存在可用耕地相对较少，大量的农村劳动力拥挤在有
限可耕种的土地上，使农业生产不能达到规模经济的状态。在
土地等生产要素投入无法增加、技术手段不能弥补效率下降的
情况下，只有相对减少对农业劳动力的投入，才能提高相对的
产出水平，产出才会不断增长。所以在我国经济发展过程中，
就出现了转移农村剩余劳动力的要求。为此，就应该通过政府

这只"有形的手"来引导我国经济结构调整，促进城镇化建设发展并发挥其巨大的推动作用。

2012 年，国家人口计生委发布的《中国流动人口发展报告（2012）》指出，在对新生代农民工管理等方面还存在混乱、组织分散等问题；同时，由于新生代农民工的日常生活较为单调，社会交际范围窄，缺少必要的亲情交流和稳定感以及相应的文体娱乐方式，在稳定就业、稳定生活和健康心态等方面都存在诸多问题，所以必须由政府出面，加强管理与引导，解决宏观和中观层面的人力资本投资环境与制度问题。只有政府才有这样的能力，通过制定规章制度、行使行政手段，加强关系协调，有效统筹各方面的资源，做好新生代农民工管理及其人力资本投资等工作，才会有效解决有关我国新生代农民工的各种政策、措施政出多门、力量分散、缺乏合力的局面。

（二）通过政策导向有效促进人力资本投资

政府可以有效整合各种资源，出台导向性政策，从而可以有效引导、刺激包括内源性个人动力、外源性企业动力对新生代农民工人力资本的投资，并利用财政资金扶持、税收减免等政策引领各类资金加大对人力资本的投放力度，对新生代农民工人力资本投资起到较好的杠杆作用，以撬动更多的资本投向这个领域。

2014 年 3 月，《国家新型城镇化规划（2014 - 2020 年）》（以下简称《规划》）正式发布，成为指导我国新型城镇化发展的战略性、宏观性和基础性规划，明确了未来我国城镇化的战略任务、主要目标和发展路径。《规划》首次提出并强调新型城镇化的核心是"人的城镇化"，要把有序推进农业转移人口市民化作为新型城镇化的首要任务，并对农业转移人口的市民化问题做出了具体的专项部署，包括推进符合条件的农业转移人口落户城镇、推进农业转移人口享受基本的城镇公共服务，以及建立健全农业转移人口市民化推进机制等具体的政策要求。2015 年 6 月，国务院办公厅印发了《关于支持农民工等人员返乡创业的意见》，其中明确提出支持农民工、毕业大学生和退役士兵等人员返乡创业，通过大众创业、万众创新使广袤的乡镇百业兴旺，以促就业、增收入打开新型工业化和农业现代化、城镇化和新农村建设协同发展的新局面。

在政府引导下，通过新型城镇化建设带动农民工对教育、保健卫生、文化娱乐、体育休闲等多方面的需求，这能够对新生代农民工的人力资本积累起到直接、积极的影响，可以极大地提高农村人力资本积累效率与投资效果。所以说，大力推进新型城镇化建设，作为引导性政府动力的标志性特征，对完善人力资本积累的软硬件条件，对新生代农民工人力资本积累的提高与改善都会产生直接的影响，发挥巨大的作用。

四　新生代农民工人力资本投资动力的缺陷

新生代农民工人力资本投资动力按照本研究的分类有三

种，一是内源性个体动力，二是外源性企业动力，三是引导性政府动力，每一种动力都从不同的角度对新生代农民工人力资本投资产生作用。但是，每一种动力本身都有其局限性，都存在这样或者那样的缺陷，都不能单独完成对新生代农民工人力资本投资与积累的任务，三种动力应该形成合力，构成综合、完整的动力系统，这样才能更好地完成对新生代农民工人力资本的投资。

（一）内源性个体动力的缺陷分析

内源性个体投资动力主要是由新生代农民工自发性使然。但由于个人的阅历、经验、资金等方面存在诸多不足，内源性个体动力主要存在以下缺陷。

1. 盲目性

新生代农民工自身的初始人力资本积累比较匮乏，自身所受到的教育十分有限，日常总是"忙忙碌碌"，真正属于自己的"个人时间"相对较少；他们从小在农村的成长经历，使其在生活习惯、工作经验等方面都带有农村经济相对落后的传统意识，眼界相对狭隘，不可能对整个人生、工作与事业、家庭与生活等进行完整的全面规划，通常都是以眼前的工作、利益为主要目标，这就导致新生代农民工对自身人力资本投资动力带有较大的盲目性。他们通常不明白这种投资行为会对自身工作、生活境遇所带来的改变，而只是简单地模仿或跟随。他们的人力资本投资行为是碎片化的，这样的投资效果不但被大打折扣，还可能起不到应有的作用。这种盲目性使新生代农民工既不能真正意识到进行人力资本投资的意义，从灵魂深处改变自己，也不能真正理解"学习改变人生"的重要性，所以这种人力资本投资就具有倒挤性、盲目性和被动性缺陷。

2. 随机性

新生代农民工自发的人力资本投资具有较大的随机性，主要表现在三个方面。一是新生代农民工或者其家庭，对人力资本的投资时间具有随机性，缺乏计划，想投就投，投后不管，投资效果不佳。二是他们对人力资本投资的类别具有较大的随机性和随意性，不能形成连续的、系统性的投资，大多数集中在学历教育上，认为只要提高了学历，就会改变生活，但是却没有（大多数新生代农民工及其家庭也没有能力）注意到其他人力资本的构成要素，比如健康、心理以及适应性等方面，因此他们不会对心理等资本因素进行投资。三是他们对人力资本的投资，如果收入情况好一点，就多投一点，收入情况不理想，就少投一点，带有农村"看天吃饭"的惰性，造成了人力资本投资的波动性，这往往会产生不利影响。

3. 欠缺性

对新生代农民工自身的人力资本投资来说，欠缺性主要表现在资金方面。新生代农民工由于受收入水平、家庭观念以及社会环境等方面的制约，其对自身的人力资本投资往往是"无心更无力"，不仅缺少人力资本的投资意识，而且还没有能力进行资金投入。例如，好多新生代农民工在完成中小学义务教育后，可以再升入更高层次的学历教育或者职业培训，但往往因为家庭生活拮据，想尽早地改善生活等原因，放弃了后续的人力资本投资机会，而选择直接打工就业。另外，新生代农民工对自我成长、自我提高培训方面也没有时间上的规划，不仅在参加工作前，就是在参加工作后也没有做出时间上的计划。他们不仅在工作强度、工作时间等方面比城市同龄人负担重，而且对工余时间也不能有效利用，放任自流，最后形成既无资金也无时间进行有效学习的"尴尬"局面。

（二）外源性企业动力的缺陷分析

在本研究中，对外源性企业动力已经做了较为明确的界定，即是由企业发起的人力资本投资，但在此需要说明的是，由于我国的各类国企，特别是各类大型国有企业，雇用的新生代农民工较少，所以不列入此处的讨论范围。本研究关注的重点是雇用新生代农民工较多的非公企业，如民营企业、私营企业等。2011 年，我国正式下发了《中小企业划型标准规定》，该标准参照国际通行做法，在中型和小型企业的基础上，增加了微型企业标准，并将个体工商户也纳入该标准范围内。在我国，各类中小微企业数量巨多，容纳了大量的新生代农民工，它们是新生代农民工人力资本投资的真正主力。但中小微企业作为外源性动力进行人力资本投资时，还存在以下缺陷，对投资效果会产生不利影响。

1. 营利性

各类中小微企业作为市场经济中最为活跃的细胞单位是以

盈利为首要目标的，用于投资办企业的资本是要求有回报的，各类中小微企业对员工的人力资本投资也有较高的回报要求，这样就会使企业在进行人力资本投资时，不仅要考虑投资的效果，更要考虑投资的成本，它们不可能不计成本而进行简单的投资。企业对人力资本投资动力的强弱会受到企业经营目标、企业文化和企业经营效益的影响，所以投资的成本与回报在一定限度上束缚了企业对人力资本的投资。

2. 间断性

人力资本投资应该是一个连续性的过程，只有持续的投入才会有较好的效果。对于企业的人力资本投资来说，该类投资应该与企业的生产经营活动相吻合，必须符合企业生产、经营的规律。这种规律性与人力资本的投资周期等并非完全匹配，企业不可能单纯为了人力资本投资而投资，必须以完成生产经营活动任务为核心，这样就会使新生代农民工的人力资本投资具有波动性与间断性的特点。

3. 限定性

企业要生存发展，就需要有产品、有市场、有竞争力、有利润。所以，企业只会做与其生存发展有密切关联的人力资本投资工作，如岗位培训、工作技能培训等。而对企业盈利关联不大的事情，企业的积极性自然就没那么高。所以，以企业为主体的人力资本投资行为，在范围、程度和周期上具有很大的限定性，这对全面提高新生代农民工人力资本投资效率具有局限性。因此对外源性企业动力必须加以引导和补充，才能更好地发挥其作用。

（三）引导性政府动力的缺陷分析

政府在新生代农民工人力资本投资动力方面，相对于内源性个人动力和外源性企业动力来说，具有重要的引导作用，但还存在以下几个方面的局限性。

1. 政策制定受统筹性制约

政府在制定各项关于农民工的政策时，因为要考虑全国各地的实际情况，还要统筹政策的前后衔接及经济环境的现实需要，所以具有一定的制度刚性。生产要素流动和产业结构转换是新生代农民工不断流动的根本原因，在产业结构转换过程中，可以促使非农产业就业人口的集聚进而推动城镇化，这就需要政府通过制定各种制度，以对各种经济社会运行规则产生影响并促进城镇化发展。但若缺乏必要的制度性统筹安排，在发生产业结构变迁时，就有可能出现城市化发展不足的工业化情况，这样就不会有效引导农业人口的流动与发展。政策如果满足不了统筹性的要求，则不能发挥出应有的作用，甚至会与制定政策的初衷背道而驰。

2. 政策修订的滞后性

一项政策一经形成，对经济生活的影响是具有强制性的，并且较为持久，不会轻易修订。如果外部环境出现变化，政策即便修订，还需要经过一系列的调研、讨论及决策流程，时间相对较长，所以政策修订在时间上存在滞后性，灵活度不高。

3. 配套要求高

国家制定的各项政策具有指导性，但落实到各个地方、各个职能部门还要建立相关的配套细则及措施，才能释放出政策红利，但这需要加强各部门、各地方的联系与合作，做好统筹协调，才能发挥出综合效果。

五　新生代农民工人力资本投资动力机制的协调性

新生代农民工人力资本投资的动力机制由人力资本投资动力要素组合而成，推动人力资本投资形成和发展的内在机理，提升并改进这种内在机理的各种组织制度、经济关系等所构成的复合系统。新生代农民工人力资本投资并不是某种单独动力要素的作用，是多种动力要素协同作用的结果。人力资本投资动力是被一系列紧密联系的变化过程所推动的，这些过程包括政治、经济、人口、科技、文化、社会环境等的变化，推动人力资本投资的核心要素是经济发展，比如推进新型城镇化的发展就是国民经济发展到一定程度的必然要求。在新生代农民工人力资本投资动力三要素中，内源性个体动力在人力资本投资动力中起到了拉动作用，外源性企业动力在人力资本投资动力中起到了重要的支撑作用，引导性政府动力在人力资本投资动力中起到了宏观调控的作用。

（一） 内源性个体动力的自发拉动作用

作为人力资本承载体的新生代农民工，虽然有外部动力推动其人力资本积累水平的不断提高，但新生代农民工自身也有内在动力，有自我需求，迫切希望通过培训、教育、医疗等方式，提高自身劳动技能的熟练程度，从而提升自我，适应市场，提高自身的劳动价值，进而实现较高的收入以改善生活。新生代农民工人力资本投资的自我需求，可以迸发出强大的原动力，既是内因，也是主因，配合外部的政府、企业及其他社会组织的系统投入，将创造出更高的投资效率。当前政府鼓励农民工返乡创业，这可以极大地激发新生代农民工创业和对财富创造追求的热情。要搞好创业，势必要接触更多的新知识、新事物，为了尽快提高自身水平，新生代农民工就得通过学习、培训等多种方式提高其对自身人力资本方面的投入，进而促进内源性个体动力的增长。

（二） 外源性企业动力的重要支撑作用

鼓励、引导企业对新生代农民工人力资本培训与投入的积极性，不仅要从税收优惠、政策扶持等方面引导企业，让企业真正理解对新生代农民工的人力资本支出不仅是一项成本型的投入，这种成本投入，实际上也会推动企业财务绩效的增长，间接为企业创造利润，并能支撑企业长远、稳定地发展。而且通过政策、舆论引导，建立、培养企业的社会责任意识，让企业充分认识到，对新生代农民工人力资本的投资不仅是对企业资源的有效整合和利用，也是为社会增加福利，更是在为增加全社会人力资本的保有量做贡献。具体来说，企业应加强对本单位新生代农民工的岗位培训、在岗教育、劳动卫生保障等工作，尽可能提高新生代农民工的劳动技能与权益意识。通过工会组织，开展各种有益于新生代农民工身心健康的文体活动，点对点式地帮扶在生活上有困难的农民工，让他们感受到企业的关爱与温暖。聘用新生代农民工数量多的企业要主动做好新生代农民工的人力资本投资工作，有利于企业、新生代农民工以及社会形成"多赢"的局面。所以，一定要发挥外源性企业动力的积极作用，这样才会在新生代农民工人力资本投资方面达到事半功倍的效果，并最终取得良好的回报。

（三）引导性政府动力的宏观调控作用

首先，政府要在顶层宏观推动力方面发挥主导作用，通过财政投入、政策引导强化对新生代农民工人力资本投资的宏观调控，促进各有关方面提高并加强对新生代农民工人力资本的投入。努力做好组织支持工作，确保对新生代农民工进行的各类教育培训取得良好的效果，让他们感受到各类教育培训的实用性、有效性，提高他们在劳动力市场上的竞争力，保持人力资本的投资价值。可以按比例成立专项的财政扶持资金，切实保证在各类教育培训方面投入的支持力度。还可以通过减免新生代农民工的学杂费，实施各种灵活多样的助学形式，并以鼓励、奖励的方式吸引新生代农民工不断学习，通过学习提高自身素质，进而增强自身的竞争力与适应力。

其次，政府需要在政策设计、社会福利保障等方面缩小乃至消除城乡差别，即市民与农民的差别，让新生代农民工享受城市居民的福利待遇，推动其市民化进程，使之更好地融入城市生活与工作中。另外，还需要做好新生代农民工家属随迁工作，特别是在子女上学、入托等基础性工作上，解除新生代农民工的后顾之忧，这也是打破农民工"世代化"的"关键一招"。

最后，政府要充分发挥对外源性企业动力的补充作用，对中大型劳动密集型企业，可以发挥其外源性动力作用。数量众多的中小微企业，虽然每个企业雇用的新生代农民工数量不多，但合在一起数量众多，而中小微企业本身的能力有限，其对雇用的新生代农民工不能进行有效的人力资本投资，这就需要政府进行有效帮扶，鼓励内源性个体动力发挥其作用，同时要动用行政资源，组织好社会力量，构建良好的外部软、硬件环境，做好中小微企业对新生代农民工人力资本投资的配合工作。

六　小结

对新生代农民工人力资本的投资动力需要从多个方面入手，全面解决，即从政府、企业、社会相关组织和新生代农民工自身等多方激发对人力资本的投资动力，确立"人力资本是第一资源"的观念，采取积极鼓励的方针，充分调动地方政府、各类企业及社会组织投资新生代农民工人力资本的积极性，激发它们对新生代农民工人力资本的投资动力。本研究通过"鱼骨图"方式进行组合分析，目的在于厘清脉络，提高动力机制（见图4-1）。

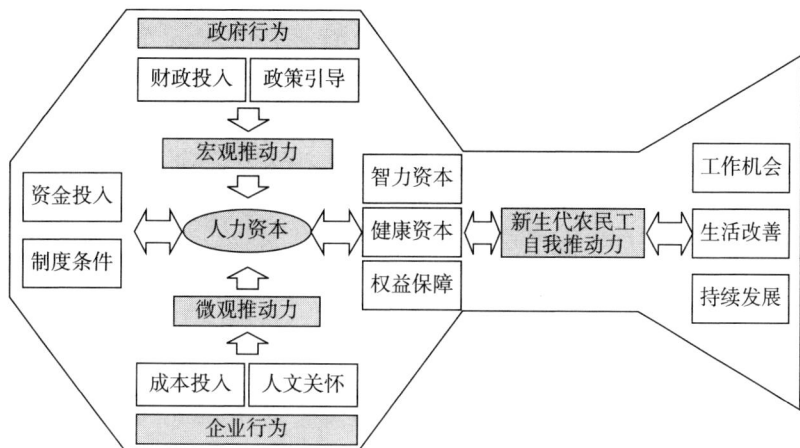

图4-1　新生代农民工人力资本投资动力系统"鱼骨"示意

在人力资本投资动力方面，首先要做好资金投入、制度条件等外在因素的基础工作。不论从政府层面还是企业层面，做好人力资本投资的动力工作，资金支持都是必要条件之一，通过财政资金、企业自有资金、社会资金等多渠道汇集，增加人力资本投入的资金来源。在制度条件方面，要通过政府建立良好的制度环境与社会氛围，积极创造条件，全方位统筹，引领新生代农民工人力资本的投资工作。这种整合叠加后的投资动力系统，会促进新生代农民工在智力、健康、权益保障等资本方面产生个体自动力，而这种个体自动力带有一定意义上的自我完善和自我激励的功能，会使个体拥有更多的工作机会和持续发展的能力，进而使个体的生活和生存状态得到改善。

第五章 外源性企业动力回归 关系分析

　　为了更深入地研究外源性企业动力，探讨劳动密集型企业的人力资本投资行为，特别是通用性人力资本投资对企业财务绩效的影响，即人力资本投资是否会与劳动密集型企业的经营目标相矛盾。劳动密集型企业无论从自身效益讲，还是从承担更多的社会责任角度讲，都要自发地做好对新生代农民工人力资本的投资工作。本研究选取劳动密集型的物流行业、房地产建筑业和酒店服务业的企业为代表，即从新生代农民工集中就业的行业中探索不同的劳动密集型企业中通用性人力资本的差异及其在人力资本投资方面的差别，以及由这种差别所产生的对企业财务绩效的影响与比较，以期使劳动密集型企业合理配置人力资源，通过积极、理性的通用性人力资本投资与开发，引导、激励劳动密集型企业对人力资本进行投资，发挥企业在人力资本投资方面的最大作用，为企业和社会发展、增加人口红利创造出最大的效益。

一　相关前提分析

（一）人力资本对企业的财务意义

本研究认为，人力资本是指凝结在劳动工作者个体身上的知识、技能、经验以及将其发挥、使用出来的应用能力。与物质资本一样，人力资本也是通过投资形成的，只有经过连续的各种层级教育、培训、劳动训练的自然人，才能成为人力资本的承载者。只有经过一系列的培训、投资与劳动应用，累积了一定的文化与知识、专业技术与操作技能、较为丰富的工作经验以及灵活的应变能力，尤其是创造性解决问题的能力，才能成为与物质资本同等重要，并发挥重大作用的人力资本。

根据经典的马克思价值理论，人力资本的承载者虽然不像企业进行物质资本投入那样能"看得见"，但企业所创造的剩余价值，其中的一部分一定是由人力资本承载者创造出来的，所以人力资本承载者——员工应该获得企业在投资方面的高度重视，对劳动密集型企业来说更是如此。在既有的物质资本和人力资本的财务关系管理中，企业的财务目标可以描述为：在协调人力资本承载者与财务资本拥有者关系的基础上，实现财务价值和企业价值的最大化。所以，劳动密集型企业在追求财务目标最优化的同时，还要注意其他利益主体的权益，特别是人力资本承载者的权益及其在企业中应有的地位，只有这样，企业才有可能实现健康稳定、朝气蓬勃的发展。

（二）人力资本投资对企业的独特属性

一般来说，人力资本投资主要有三个特点。一是主动性。与物质资本相比，当人力资本承载者的利益受到损害时，相应的"产出"就会减弱甚至消失，其"产出"能力也无法转移到别的承载者身上继续发挥作用。二是灵活性。不同的人力资本承载者，其心理状态、知识水平、兴趣习惯等均有所不同，所以在不同的环境中，不同的投资会产生不同的工作能力与表现。三是累积性。人力资本的形成是日积月累的结果，是一个由量变到质变的过程，而且累积的速度会随着质量的提高而加快。良好的人力资本投资可以合理地协调管理团队、员工以及股东权益关系，对管理团队和员工人力资本的投资应该和他们为股东创造的财富相统一，将管理团队和股东的利益一致起来，让管理团队按照股东价值最大化的原则制定战略决策和经营决策。对管理团队和员工人力资本的投资充足，大幅提高激励标准，管理团队和员工就能够长时间地工作，并能够承担风险，创造更多的业绩，使股东价值最大化。

但是，如果缺少可以利用的支持资源，人力资本投资产生的作用就不能充分发挥出来，人力资本的价值也不能得到充分体现。本研究认为，在劳动密集型企业中，管理资本为人力资本提供了发挥价值和充分展现其能力与作用的平台，为人力资本保值增值创造了有利条件。管理资本就是指企业组织、运营的能力，对企业的业绩有着不可或缺的作用。此外，通用性人力资本也能够有利于管理资本的提高。人力资本、物质资本和管理资本三位一体，对企业价值创造、稳定提升财务绩效发挥了巨大作用。人力资本、管理资本和物资资本之间的相互关系见图 5 - 1。

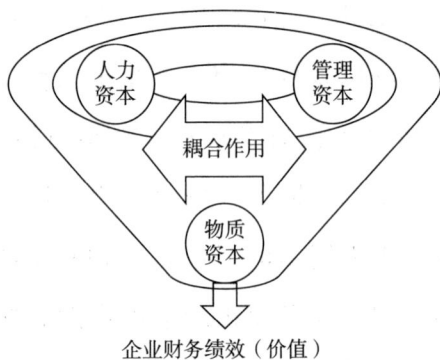

图 5 -1　人力资本与企业财务绩效构成

（三）人力资本在企业中发挥无形资产的作用

对于人力资本投资与企业经营绩效互相关系的研究，大多关注于人力资本投资中的单个要素与企业绩效的联系。在企业所拥有的各种资源中，人力资本作为最有活力、最具创新能力的生产要素，其所拥有的创新性、适应性和能动性是企业维持稳定运营、保持市场竞争力的源泉，也是决定企业经营绩效最坚实的根基。所以不论学术界还是企业界都非常认同对人力资本投资进行深入研讨。当前，众多的研究结果都证明人力资本投资可以对企业绩效产生较大的作用；同时还有研究发现，人力资本构成因素的互相影响与作用也会对企业的经营绩效产生正向作用。这些研究都表明人力资本投资是企业经营绩效的关键要素，其不仅决定了企业的短期效益，而且还决定了企业的长期经营业绩。

　　从企业的本质来讲，是由物质资本和人力资本共同构建而成。从经济发展趋势来看，物质资本在前工业时代和工业时代中都发挥了重要作用，没有强大的物质资本支持，企业的成长就得不到保障；而在后工业时代，特别是以信息技术、互联网应用等爆炸式发展为标志的信息知识经济时代的到来，内涵式扩大再生产得到了极大提高，人力资本也逐渐成为企业发展的关键性要素，劳动者个体作为人力资本的执行者，是企业诸多生产要素中最为重要、最为活跃的要素，对企业的经营发展、财务绩效价值的增加有着极为重要的拉动作用。相较于物质资本，人力资本所产生的杠杆收益也越来越受到重视。在劳动密集型企业中，由于人力资本，特别是通用性人力资本构成了其经营成长的基础，进行有效的人力资本投资对企业的绩效仍然具有重要意义。

二　相关研究框架

　　本研究主要选取物流业、房地产建筑业和酒店服务业中具有典型性的 65 家新生代农民工集中就业的劳动密集型企业。通过网络年报检索财务信息以及问卷调查、现场（电话）调查

获得主要财务、劳资以及新生代农民工的相关数据，提取其中
能够量化的指标，给予实证分析，对当前新生代农民工集中就
业的劳动密集型企业进行通用性人力资本投资推动要素的研
究，探讨通用性人力资本投资对劳动密集型企业财务绩效的
影响。

（一）　相关研究假定

对劳动密集型企业中的通用性人力资本状况往往无法直接
获得，所以本研究选择了能够量化的可取指标代替①，从员工
数量、工作效率、专业水准、敬业程度和科技应用等方面分别
提取员工人数、专业人员比例、员工薪酬费用率、员工平均从
业年限、员工人均经营利润、员工人均工会经费和职工教育经
费使用额、科技应用水平（反映在人均经营设备金额上）对财
务业绩的影响等因素。

由于财务绩效需要从多个角度考量，所以本研究先是选取
了平均总资产收益率作为财务业绩的考察变量，以资产收益率
和人力资本中的各项指标为解释变量，然后再分出两个层次，
即员工资本和管理资本，来探讨可以有效促进企业财务业绩稳
步提高的人力资本推动因素和各个行业中有效人力资本投资推
动的区别。

---

① 本研究针对的是新生代农民工人力资本情况，所以在指标选择上也是从新生代农民工
集中就业的劳动密集型企业中选取的。

本研究从 65 家不同的劳动密集型企业的财务信息中选取了 7 个可以直接量化的指标作为解释变量（见表 5 - 1），暂且剔除了劳动密集型企业在不同竞争环境中获利能力的差异。影响资产收益率的因素有很多，除去员工资本和管理资本之外，还有很多诸如高级管理人员的管理能力、企业所在行业的盈利水平等多方面不可准确度量的因素，所以本项目还选取了应付薪酬收入比、主营业务收入作为控制变量，以替代上述因素对企业绩效的影响。

表 5 - 1　解释变量指标的选取结果

指标	类别	具体指标	指标计算
总资产收益率	员工资本	员工人数	企业上年度员工总数
		专业人员比例	（管理人员数 + 技术人员数）/员工总数
		员工薪酬费用率	（企业员工薪酬 + 福利）/营业收入
		员工平均从业年限	企业员工的年龄之和/员工总数
		员工人均营业利润	企业上年度营业利润/员工总数
	管理资本	员工人均工会经费和职工教育经费使用额	（工会经费 + 职工教育经费）/员工总数
		人均经营设备金额	经营设备总额/员工总数

（二）研究对象及样本数据筛选

不同类型的企业，拥有不同的资源，其所产生的财务绩效也不相同。本研究选取了新生代农民工集中就业的物流业、房地产建筑业和酒店服务业进行研究，通过比较分析探究不同类型行业的人力资本投资对企业绩效贡献的差异。对物流业来说，产品创新较慢，需求弹性低，市场竞争成熟且充分，企业实力、营业收入规模不同，所产生的规模效益也不一样，特别是快递行业，营业规模、人员结构、投递装备情况等均会影响企业的盈利能力、影响业绩考核与分配，最终影响企业的财务绩效与人力资本投入等；房地产建筑业和酒店服务业的市场相对稳定，产品需求弹性较低，风险程度也较低，但随着信息与知识经济时代的到来，人力资本也成为此类行业发展的重要因素之一。

本研究为了保证结论的准确性，在选取样本数据时注意了以下原则。一是上市企业基本上代表了所属行业的领先水平和该行业发展的最新方向，为了获得数据的准确性与便利性，尽量选取在上海、深圳两个证券交易所上市的公司为参考样本。二是对新生代农民工人力资本投资进行考量和选取目标企业时，特别是针对新生代农民工就业集中的物流、房地产建筑及酒店服务行业，尽量通过现场访谈、问卷调查和电话访问等方式取得所需要的数据或替代数据，某些替代数据可能会对回归结果产生一定的影响，但不会影响到最终的测算结果。三是根据劳动密集型和电商物流模式的固有特点，在设计样本数据时，没有选取人均固定资产作为数据源。因为对劳动密集型企业来说，在会计核算中，以房屋、建筑等出现的固定资产对人力资本的支持较弱，如物流企业，其具有产权的房屋很少，多是租用办公场地，而且其员工都有较强的信息应用能力，专用于物流信息接发的移动设备是让人力资本发挥最大作用的有效载体，所以本研究在数据选取时，没有选用固定资产作为指标，而是以人均经营设备金额来替代，以突出人力资本在这类企业中的特点。例如，顺丰公司，每个业务员手中都有一台便携式扫码仪，用于扫描揽收各类快件，便于分拣管理，这类经营设备的应用，对提高企业经营效益大有帮助，而使用这种设备之前，需要对这些新生代农民工进行科技与信息应用能力的专门培训，这就是对人力资本的投资。四是根据人力资本投资的特点，本研究专门设计了人均工会经费和职工教育经费使用额指标，该指标可以有针对性地反映出企业对人力资本的投入情况，反映了人力资源的支持、培训、保健等维护、保值、增值人力资本的情况。五是最终选取了物流业企业 31 家、房地产建筑企业 17 家、酒店服务企业 17 家，共计 65 家企业，以这些企业 2012～2015 年四年数据的平均值做研究，以消除某一年份出现异常波动可能产生的影响。

三　实证过程及结果

本研究运用 EViews 软件对所涉及的变量做了描述性统计（见表 5 - 2）。

表 5-2　各变量的描述性统计分析（均值分析）

指标	物流业	酒店服务业	房地产建筑业
平均总资产收益率（%）	0.015134	0.009412	0.011533
员工人数（人）	36431.531217	1352.104213	8432.52
专业人员比例（%）	0.233253	0.115215	0.152453
员工薪资费用率（%）	0.079512	0.042698	0.068512
员工平均从业年限（年）	5.014423	4.215606	4.152356
员工人均营业利润（元）	582583.601256	82115.352659	582583.601256
员工人均工会经费和职工教育经费（元）	3170.186120	1017.132254	2022.131562
人均经营设备金额（元）	6250.799393	1601.112767	3215.236412
应付薪酬收入比（%）	0.066539	0.042153	0.016873
主营业务收入（亿元）	45.886375	11.624668	23.571257

　　由于各样本行业所处的发展环境、市场竞争程度等各不相同，所以各变量均值在不同行业之间也有所不同。社会服务业是传统行业，其市场需求相对稳定，竞争程度较低，但其对人力资源的需求相对较大。房地产建筑业虽也属于劳动密集型行业，但近年来受市场需求、外部调控、企业资质等方面的影响相对较大，且其竞争非常激烈，因此房地产建筑业企业业绩的持续稳定提升不是依靠固定资产等有形物质的投入，而是依靠

人力资本投入而引致的产品与服务创新等"软"实力来推动的，而这些"软"实力的核心就是人力资本投资。物流业对人力资源的要求相对更高，对房屋等大型固定资产等方面的投入要求则相对较低，所以该行业对人力资本投资的投入与回报要求均较高。

四　结果分析与讨论

（一）人力资本对物流类企业财务绩效的影响

在物流业，人力资本考察设计指标中专业人员占比、员工薪酬费用率和员工平均从业年限的 p 值小于0.1，表示在0.1的置信水平下，对物流业的企业业绩有显著解释能力，所以专业人员占比、员工薪酬费用率和员工平均从业年限对财务业绩有显著影响。该行业对人员的需求不仅仅是数量上的，更主要是从业人员的专业水平、创新能力和工作投入程度，这些因素才是提升企业财务业绩的内在因素。回归分析显示，物流业的员工人数对其财务业绩的增加没有显著影响，而专业人员占比与其财务业绩表现为显著正相关（见表5-3）。所以，对物流类行业来说，应该持续提高其专业人员的占比，提高员工的专业水平"含金量"，这有利于推动物流企业财务绩效的稳定提升。

表5-3　回归结果汇总

指标	物流业			酒店服务业			房地产建筑业		
	系数	t值	P值	系数	t值	P值	系数	t值	P值
常量	-0.1810	-6.2220	0.0000	0.1340	4.0380	0.0001	0.1420	3.0220	0.0001
员工人数	0.2300	7.3100	0.1100	0.3500	8.4600	0.1700	0.6700	8.2800	0.1600
专业人员比例	0.0180	3.0570	0.0019	0.2700	9.3800	0.3600	0.0150	2.0160	0.0013
员工薪酬费用率	0.0800	2.4500	0.0151	0.1120	2.1780	0.03320	0.1100	1.1230	0.0221
员工平均从业年限	0.8700	3.4710	0.0170	-0.0020	-2.9800	0.0041	-0.0010	-1.7800	0.0032
员工人均营业利润	1.2300	8.6300	0.2400	2.1700	9.0800	0.3100	1.4600	9.2700	0.3500
员工人均工会经费和职工教育经费	0.0000	3.3110	0.0013	0.0000	1.8230	0.0711	0.0010	1.6150	0.0512
人均经营设备金额	0.0000	5.2340	0.0000	0.6700	9.8500	0.4200	0.0100	3.1120	0.0000
应付薪酬收入比	-0.0210	-3.1350	0.0032	-0.0570	-3.4810	0.0009	-0.0120	-2.1640	0.0017
主营业务收入	0.000	7.2530	0.0000	1.0800	0.1800	0.0001	0.0000	5.1240	0.0001
调整后的R2	0.3120			0.4370			0.3650		
F值	17.5410			7.1520			2.1350		
D-W值	2.1650			1.8320			1.7920		

员工薪酬费用率和员工平均从业年限与物流企业的财务绩效表现为显著正相关，这表明物流业应当完善对员工的薪酬标准，通过适当、正向的薪资水平，可以激励员工更好地投入工作。工作的细节决定成败，员工的努力与敬业对保持物流企业的核心竞争力具有十分重要的意义。所以，物流企业执行并强化与市场竞争水平一致的工资福利激励制度，对财务绩效的提升有着积极的促进作用。

员工平均从业年限对物流企业的财务绩效表现存在正相关。物流企业是劳动集中、人员密集的行业，具有一定年限的物流工作经历，表明员工具有丰富的工作经验、广泛的人脉资源，这对物流企业的业绩推动来说是必不可少的宝贵资源。

员工人数在0.1的置信水平下不显著，故员工数量对财务业绩没有显著影响。员工人数指标仅仅是企业在人力资源规模方面的指标，反映企业在某种程度上可以拥有尚未开发出来的人力资源。但是，如果这种潜在的人力资源结构不合理，或整体学历较低，或年龄偏大、人员知识结构不合理，或者没有得到有效挖掘等，不仅不能提高财务绩效，而且还有可能成为财务绩效改善的负资产，拖累企业的长远发展。许多企业都是在业务增长期进行人员的外延性扩张，是简单地扩充数量，而不是通过内部挖潜、内部培训和内部转岗实现人员的约束性转变，一旦出现业务增长减缓、市场份额占比下降，或者利润增速回落时，较多的人员则会导致人均利润、人均效益迅速下降，较多的人员会增加较多的工资与费用支出、消耗大量的财务资源。所以在知识经济时代，物流企业应该做好人力资源的储备、开发与引导，将员工的数量规模转为质量优势，这才是保持企业绩效健康发展的源泉。

员工人均营业利润在 0.1 的置信水平下不显著，表示其对企业绩效没有解释能力，故员工人均经营利润对财务业绩没有显著影响。员工人均营业利润虽然是一个可以用来衡量员工贡献程度的指标，但是在物流企业中并没有显示其对财务绩效有多大影响。这可能与物流企业收入的多少在于规模上有关，而与员工人均营业利润关系不大。另外，本研究用员工人数来测算企业的人均营业利润，而没有区分物流企业的成本中心、投资中心与利润中心中所在员工的行为差异，没有区分员工个体对工作的喜好程度和敬业程度，因此可能会存在个别员工希望转岗或者感觉不能完全开展工作的因素，该问题需要深入物流企业进行详细调查了解之后才有可能得到解决。

在管理资本的衡量指标中，员工人均工会经费和职工教育经费指标在 0.1 的置信水平下显著大于 0，表示其对物流企业的财务绩效有解释能力，故员工人均工会经费和职工教育经费对财务业绩有显著影响。企业的人力资本形成后，需要不断地投入，以保持人力资本的价值。人力资本的承载者是员工，其在工作和生活中健康出现问题，或者不及时更新知识，都会出现人力资本的消耗和贬值。所以，企业需要进行一定的投入来加以维持以实现保值，进而使人力资本增值，只有这样才会发挥人力资本的真正作用，给企业带来价值。对企业来说，工会经费一般用于员工的生活娱乐，调节和缓解员工的工作与生活压力，让员工保持良好的工作状态，并带给员工较强的归属感。职工教育经费的投入多少，则表明企业对员工在岗培训、知识更新的重视程度。只有重视员工的后续职业教育，才能给企业发展带来持久的动力。这对劳动密集型的物流企业来讲，更具有重要的意义与作用。所以，该指标显示，虽然工会经费和职工教育经费的投入也是成本支出，但对维持财务绩效来讲，有着显著的杠杆效应。

回归结果也显示，人均经营设备金额指标也在 0.1 的置信水平下显著大于 0，表明其对财务绩效也有较大的解释能力，故人均经营设备金额对财务业绩有显著影响。物流企业不仅是劳动密集型企业，更是信息技术应用型企业。科技应用水平代表了物流企业生产方式的先进与落后以及生产效率的高低，在信息时代，一个企业拥有先进的信息系统、较高的信息应用水平，将意味着它具有强大的创新力和竞争力。一般来讲，在物流企业，经营设备代表着与科技有关的投入程度，所以人均经营设备金额的多少显示出物流企业科技应用实力的强弱、生产效率的高低，对维持财务绩效具有较大的影响。

（二）人力资本对酒店服务类企业财务绩效的影响

在酒店服务行业，人力资本考察设计指标中员工薪酬费用率和员工平均从业年限在 0.1 的置信水平下显著，表示对酒店服务业的财务绩效有解释能力，因此员工薪酬费用率和员工平均从业年限对财务业绩均有显著影响。由于酒店服务企业员工的薪酬费用率与企业的财务绩效呈现正相关，表明加强员工的薪资激励可以很好地推动企业的财务业绩。员工平均从业年限也与企业的财务绩效呈现负相关，表明员工的经验对财务绩效也有良好的提升作用。例如，经验丰富的工作人员可以给旅客带来更好的服务，对扩大酒店销售额具有较为重要的作用。

员工专业人员比例在0.1的置信水平下不显著，表示其对企业财务绩效没有解释能力，故员工专业程度占比对财务业绩没有显著影响。酒店服务企业并非主要依靠劳动力数量优势来维持财务业绩，其中经验丰富的人员才是此类行业企业发展的重要力量，通过他们的经验、服务来维持、提升市场份额，提高工作效率，并推动财务绩效的增长。而对专业人员来说，其专业程度与工作经验相比专业程度对企业的价值贡献并不突出，所以企业更需要经验丰富的工作人员。

员工人数和员工人均营业利润均在0.1的置信水平下不显著，表示这两个指标对企业财务绩效都没有解释能力，所以员工人数和员工人均营业利润均对财务业绩没有显著影响。员工人数不显著的原因可能在于酒店服务企业在互联网经济的影响下，其销售模式、营利模式等都受到了影响与冲击，传统的生产模式、管理模式应当进行调整，而不能再单纯地依靠固化营销与人海战术，要更进一步适应互联网经济的需要。

　　员工人均利润指标显示与企业财务绩效没有显著的正相关，可能存在两个原因。一是酒店服务企业的利润率水平偏低，又属于劳动密集型，故人均创利不高，不能很好地反映员工的努力与敬业程度。二是没有区分员工个体对工作的喜好程度以及敬业态度，可能会存在个别员工希望转岗或者感觉不能完全实现自我价值的因素，该问题需要深入酒店服务企业进行详细的调查了解后才能得到解决。

　　管理资本中的人均经营设备金额指标在 0.1 的置信水平下不显著，表示其对企业绩效没有解释能力，故人均经营设备金额对财务业绩没有显著影响。人均经营设备金额指标影响不显著，可能存在以下两种情况。一是酒店服务企业的财务绩效主要在于经验丰富的营销工作人员，而不在于对经营设备方面的投入。二是该行业的经营设备投入以前都以小型电子设备为主。但是在大数据背景下，信息技术已成为必备条件，酒店服务企业也应该加强科技方面以及数据分析方面的人员投入，深入分析客户的相关背景及需求，并以此为核心开展富有成效、高水准的服务，以实现稳定、持久的财务增长。

　　员工人均工会经费和职工教育经费在 0.1 的置信水平下显著，表示该指标对酒店服务企业的财务绩效有解释能力，因此员工人均工会经费和职工教育经费对财务业绩有显著影响。酒店服务企业与物流企业相同，但其正相关的显著性水平不如物流企业高。作为人力资本的承载体，企业对员工的工作和生活状态改善、工作技能提高是很有必要的。

房地产建筑业的人力资本与财务绩效的关系情况，同酒店服务业相类似，此处不再重复论述。

五　新生代农民工通用性人力资本属性所带来的影响

从物流配送、房地产建筑和酒店服务企业中新生代农民工的职业特征来看，可以划分出通用性人力资本这一类别。这一类别的人力资本转移成本较低，在人力资本价值实现的过程中对企业的依赖程度也较低。在一般情况下，通用性人力资本劳动力市场是一个完全竞争的市场，存在许多可自由出入的买方（企业）和卖方（职工），有关人力资本价值和收益的信息在职工和企业之间、不同企业之间是对称与均衡的，同等水平的劳动力可以获取完全相同的报酬。

企业对新生代农民工在人力资本方面的投资大多具有通用性人力资本投资的特点。当投资产生收益时，表现为新生代农民工人力资本存量的增加和边际价值的提高，企业必须支付给新生代农民工较高的报酬，以接近该水平人力资本的市场价值，否则新生代农民工就会流向其他劳动密集型企业。当这些企业在无法采取有力措施阻止新生代农民工流动时，进行这类人力资本投资的动力就会下降或减弱。从调研情况来看，无论是在酒店企业从事各类服务工作的新生代农民工，还是在物流企业从事快递送达业务的新生代农民工，他们的劳动价值含金量都相对较低，工作可替换性较高，而且从新生代农民工的角度来看，他们更换工作的成本也较低。如果对工资或环境不满意，就可以轻易地做出"跳槽"决定，而很少考虑工作变动所带来的成本或"不便"。这一方面与新生代农民工的工作和生活态度有关，另一方面也与其具有通用性人力资本属性有关。特别是经过较好的职业培训、工作经验较为丰富、劳动技能较高的新生代农民工更是如此，这就让企业产生对其培训"不划算"的想法。

人力资本的投资开发、累积和利用是以自身活动为前提条件完成的，与物质资本相比，人力资本具有投资杠杆的作用，能够为劳动密集型企业创造出超过自身价值几倍的收益。新生代农民工通过企业的职业培训与劳动技能训练，能够提高自身的生产效率，这也是人力资本投资的人工效应，即通过增强个体劳动者的工作能力，掌握新工艺、新技术和操作技能等，其劳动效果就可以得到增强与提高，可以有效地减少或避免发生工作失误与操作事故，提升工作效率与工资水平，进而可以提高企业的经营业绩与生产效率。另外，在完全竞争的劳动力市上，与通用性人力资本有关的工资、报酬等信息在职工和企业之间、不同企业之间都是透明的。所以，劳动密集型企业不必过分担心由于个别员工"跳槽"所损失的人力资本投入而放弃对通用性人力资本投入的正效用。

通用性人力资本的价值可由劳动力市场评估和体现，劳动密集型企业据此支付新生代农民工适当的工资报酬。企业应优化内部的考核与监督流程，以更加精练、简单实用的方式评价通用性人力资本（新生代农民工）的工作表现。而新生代农民工所反映出来的劳动技能具有标准化、低协作化和数量化的特点，这三大特点表明劳动成绩与单个新生代农民工的努力程度密切相关，受其他因素影响较小，这就意味着新生代农民工的劳动成果可以量化到个人。比如，作为快递员的新生代农民工，在划定了责任区域后，配送企业的人事部门对其劳动成果的考核就可以简单地量化为每月的快件投送量、送达时间以及客户投诉率的高低等几个实用指标来衡量。这样一方面可以大大降低劳动密集型企业的监督与考核成本，另一方面可以进一步激发出劳动密集型企业对新生代农民工人力资本投资的动力。企业通过对新生代农民工的在岗职业培训，就可以在其他生产要素、资本规模投入、产出效率保持不变的条件下，仅有新生代农民工劳动效率的提升，就可以推进经营效益的提高。所以，创造良好条件让劳动密集型企业积极承担更多的社会义务，引导、鼓励劳动密集型企业创办"内部学校""以岗带练""以老带新""干中学"等多种形式，强化对所聘用的新生代农民工进行职业教育。劳动密集型企业如果能够主动做好新生代农民工的职业培训工作，充分发挥其外源性动力的作用，就会起到事半功倍的培训效果，可以极大地促进新生代农民工人力资本投资累积的增长。

六　小结

　　劳动密集型企业应该更加关注对本企业的财务成本及业绩密切相关的人力资本因素，进而更好地调动这些重要因素的积极性，通过有效的人力资本投资来提升企业的经营绩效。不同类型的劳动密集型企业要根据自身的经营特点、新生代农民工所从事的工作岗位种类等要素，调整、分配好通用性人力资本投资和专用性人力资本投入等要素的配比关系，只有科学投入，合理产出，才会对劳动密集型企业的经营绩效有正向的推动作用。充分理解通用性人力资本投资不再是或不仅仅是一种成本方面的简单投入，这是劳动密集型企业进行通用性人力资本投资时必须具备的良好心态。

　　鼓励、引导和激发企业进行人力资本投资，特别是对新生代农民工的通用性人力资本投资，不仅对其经营业绩的持续增长有利，还会有利于新生代农民工人力资本的积累，充分释放外源性企业投资动力的活力。

第六章 新生代农民工人力资本投资的路径

对新生代农民工人力资本投资的"路径"进行研究，首先就要对"路径"做一些说明。根据中文词典对路径的释义，与本研究相关的含义共有三个。一是指道路；二是指抵达目的地的路线，通常理解为如何到达目的地；三是指处理事情的门路、方法。第一个概念着重是对路径本身的抽象概括；第二个概念则强调对通向某一目标的具体路线，更强调经历与过程；第三个概念强调对达成目的所使用的不同方式与方法，通俗讲就是"手段"，具有目标指向性，指达到目标的途径和方式。本研究对路径的定义选取第三个含义，即是指实现新生代农民工人力资本投资效果的"手段"。

对新生代农民工人力资本投资是为了实现新生代农民工人力资本持续增长与保值增值，而人力资本投资本身具有特定属性，要达到投资目标必须根据其特征找到适合的投资路径。另外，随着内外环境的改变，人力资本的投资路径也应随着变化而进行改变，并不断做出新的选择和调整，开辟新的路径。人力资本投资可以对应多种路径，对新生代农民工人力资本投资来说，其路径不能单一，不能形成路径依赖，需要根据人力资本投资情况的变化采取多种路径来实现，并且这些路径可以组合或交替采用，不断实现路径突破，进而达到新生代农民工人力资本投资的最终效果。

新生代农民工人力资本投资不但具有人力资本投资的一般属性，还具有新生代农民工所具有的特殊属性与分类。对其进行人力资本投资，在路径选择上必须遵循新生代农民工人力资本投资的特有规律，不能进行粗放式的人力资本投资，要精确化、细分化，如分成不同的主体，分别从智力资本、健康资本、心智资本以及权益保障等方面着手。只有细分人力资本投资的路径，分门别类做好人力资本投资工作，才能克服投资模式上的路径依赖，以取得事半功倍的良好效果。

一　新生代农民工人力资本投资的路径依赖

路径依赖通常是指事物发展的方向受制于其历史的或旧有模式的影响，而出现僵化并与实践脱节。对企业而言，路径依赖时有发生，当企业依靠某种路径取得一定的经营业绩后，往往会主动在意识上和经营活动中形成依赖，产生沿着这条路径持续经营下去的惯性，较难形成突破，较难接受并选择新的方式与路径，很可能会顺着固化的路径走下去，甚至陷入低效状态的往复循环中而难以自拔。因此，对新生代农民工人力资本投资的路径，也要随着内外部条件的变化，不断地进行路径更新，而不能在新生代农民工人力资本投资方面形成单一模式，成为低效甚至浪费的人力资本投资。

就目前的状态来说，无论是新生代农民工个体、各类企业、相关社会组织以及政府，在投资路径选择上都比较单一，且模式陈旧，更谈不上细分，致使人力资本投资要素的路径缺失，投资结构不合理，最终必将影响新生代农民工人力资本的投资效果。对新生代农民工人力资本投资产生的路径依赖，其本质是对人力资本投资或对新生代农民工人力资本投资的特点及其属性认识不清造成的，若要打破僵局，还得从新生代农民工人力资本的本质特征中寻求突破。

二　新生代农民工人力资本投资的特征

我国新生代农民工人力资本投资是指专门针对本研究所定义的新生代农民工范围，并根据这一特殊群体的人力资本特征，针对其在市民化过程中遇到的各种困难，通过完善、加强对其在学历教育、职业培训、劳动保护、生活扶助、子女入园入学以及心理精神健康等方面的各项投入，提高并改进新生代农民工人力资本积累水平与状况而进行的各项投资。

（一）新生代农民工人力资本投资的特征

1. 规模效益显著

从人力资本所具有的特定属性看，新生代农民工人力资本投资具有较高的规模效益特点，与一般的实物资本投资相比，人力资本的边际收益效果显著，投资回报预期良好。

2. 投资回收周期长

人力资本投资的固有特性决定了人力资本投资见效周期较短，但是投资的整体回收期较长，甚至有可能无法得到充分的投资回报，特别是在新生代农民工人力资本投资的过程中，由重大疾病、突发事件等因素造成的死亡，就不能完成对人力资本投资的回收，甚至会发生投资损失。

3. 投资的非货币转让属性

投资主体对新生代农民工进行人力资本投资，不像投资主体进行商品交易那样通过货币的自由转让直接收回其全部投资，只能通过间接方式获得投资收益。

4. 投资的无形资产属性

新生代农民工人力资本投资具有无形资产的特殊属性，通过一定的人力资本投资后，可以累积出一定的类似无形资产的效果与作用，可以有效促进新生代农民工自身的成长，其投资的价值回报与社会效应更为可观。

5. 投资后的收益不能准确估量

某些特定类别的人力资本投资无法准确地评估出投资回报

率，如对心理健康等方面的投资，被投资人的心理改善程度与个体感受无法有效地用投资回报率来度量与测算；再如社会经验、教化资本等投资也有类似的性质。

（二）新生代农民工人力资本供给与需求的特征

我国的农民工在其人力资本供给与需求方面有较大的不均衡属性。一方面我国农村人力资本存量较多，远远超过了发展农业经济对人力资本的最低要求，因此大量农村剩余劳动力需要转移，这是我国人力资本在供给总量方面的失衡情况；另一方面我国人力资本总体素质明显偏低，难以满足现阶段产业升级、市民化进程对农民工人力资本质量的需求。这种非均衡性对城镇化发展和市民化进程产生了较大的约束力。

1. 对新生产方式、生产要素的接受和应用能力低

新生代农民工在离开农村融入城市的过程中，会遇到与农村、农业生产劳动完全不同的生产方式与生产要素。当新的生产方式与生产要素出现时，必须通过对人力资本的投资来提高和改善劳动者的接受能力与适应能力。新的生产要素有发展前景时，作为新的生产要素的引进者与需求者应掌握并有效使用这些新生产要素的技术和能力。现阶段，我国对新生代农民工人力资本投资的质量较差，一是新生代农民工对新生产要素的排斥，对在生产过程中使用新生产要素没有主观能动性；二是即使新生代农民工在主观上想利用新生产要素，但其不具备相应的知识和技能，进而影响到他们接受利用新生产要素的能

力。调查发现，新生代农民工参与的多是较为粗放、低端的生产性劳动，他们劳动素质不高，在劳动力市场中没有竞争优势，工作效率较低、劳动附加值低，只能从事行业较为低端、劳动报酬不高的工作，这些都与他们平时对人力资本的投资与积累不足有关。新生代农民工在面对劳动力市场时，不仅不具备参加竞争的劳动技能与资质，也没有劳动竞争的心理预期，在出现新的生产方式、新的生产要素时，不能与自身很好地结合起来，发挥不出新的生产方式与生产要素的积极作用。

2. 新生代农民工人力资本投资与其应用不对称

来自农村的新生代农民工是通过教育投资而培养出来的。大部分新生代农民工选择留在大城市工作与生活，而不是留在小城镇或回到农村，这就存在农村前期的人力资本投资与后期的人力资本应用是否对称的问题。一是我国农村的经济发展水平还不高，农村对劳动力初始的人力资本投资与积累，远远不能满足农村劳动力将来在城市工作与生活的需求。二是教育的投入与产出相比，产出相对较为漫长，具有投资与收益不对称的特征。三是投资主体和受益主体可能存在不一致的情况。四是教育投资在初级教育和高等教育投资方面有明显的差异。以上四点使农村在家庭教育投资方面积累下来的人力资本，对农村经济的发展没有发挥出太大的作用，而对城镇经济的发展作用又相对有限，这样就存在新生代农民工在总体上人力资本投资不对称，积累效果差，且效率不高的问题。此外，农村观念落后、经济不发达，缺少完善配套的基础设施，没有足够的吸引力留住高人力资本投资存量的人才为农村经济发展服务，这就出现了我国特有的先在农村进行人力资本投资，将来在城市应用的不对称情况。因此，在对新生代农民工人力资本进行投资时应该注意这种情况，不能顾此失彼。

综上所述，我国新生代农民工的人力资本投资可由以下四种组成。一是身体健康投资。它是劳动者个体原始健康状态在时间上的延续，包括身形体态、感官功能、运动协调以及对外部环境的耐受力等。二是心理资本。这是劳动者个体天生的，但经过后天长期锻炼与学习，可以对心理资本发展产生一定的作用。三是知识资本。人力资本的质量主要是通过长时间的知识积累逐步提升的，并将其运用于生产活动及经济活动当中。四是工作技能投资。工作技能作为劳动者个体劳动素质的固有属性，由协调能力、交流能力和创造能力等组成。以上资本可以通过不断的培训与实践逐步增强新生代农民工的工作技能、培养他们良好的身心状态，最终可以提升劳动者的综合素质，进而提高劳动生产率。

三　新生代农民工人力资本投资路径依赖所引致的欠缺

对新生代农民工人力资本投资的路径依赖，最主要的症结在于没有按照不同的人力资本投资种类进行投资路径划分，而是笼统地将人力资本视为一个简单的组合体进行整体式投资，这种整体式投资模式，对新生代农民工人力资本投资的效果与种类等都会形成不良影响，最终不利于对其人力资本投资的积累。

（一）新生代农民工人力资本初始投资阶段的欠缺

我国农村的基础教育发展较慢，经费投入少、教师队伍素质不高以及校舍缺乏、陈旧等问题长期存在，而且农村经济发展落后、观念陈旧，农村居民家庭对人力资本投资的意识不强，投资力度不大。这通常让农民的初始人力资本累积效果不佳，而新生代农民工的初始人力资本累积也会受到父辈的收入状况和"农村"意识的间接影响，使其人力资本投资不足，再加上在教育方面的投资与城市人相比少之又少，这就使新生代农民工在"起跑线"上已经落后了。由于受收入不足、观念落后等诸多因素的影响，农民通常优先考虑家庭的生存、生活和生理需要，子女投资教育往往放在第二位，最后才会考虑在其他方面的人力资本投资，如健康、医疗、后续教育等。有时候，农民的收入不能满足对子女教育投资的需求，其他方面的人力资本投资则更不会被列入家庭计划之中。所以新生代农民工初始人力资本投资必然存在严重不足的情况，这种资本初始投资的不足，对新生代农民工的工作境遇改善与提高市民化进程中的适应和发展能力都将产生深远的影响。

（二）新生代农民工人力资本持续投资阶段的欠缺

新生代农民工人力资本持续投资阶段的欠缺主要体现在以

下几个方面。一是职业培训与劳动技能方面的投资不足，使大多数新生代农民工在就业市场中处于弱势地位，劳资谈判、劳动保护能力弱，影响了自身发展。而且这个群体缺少有组织的系统性培训，往往迫不得已选择被动性的自我培训，这就存在投入与产出的平衡问题。他们由于缺少经济积累，一般都先去透支，即通过压缩其他生活花销或者向他人借钱的方式实现后续教育。二是在医疗健康保健方面的投资明显不足。人力资本价值作用的发挥需要依靠"人"的能动性，只有健康的人才能发挥人力资本效用的积极作用。如果人力资本的承载体"人"出现生病、体弱等情况，则人力资本的作用会大打折扣。而恰恰这方面是新生代农民工人力资本投资存在的弱项。在这个群体中普遍存在"拿青春赌明天""拿身体换明天"的情况。这自然成为人力资本价值续存和保值的短板。三是缺少对心理健康、心理辅导等精神性的人力资本投资。新生代农民工向市民化发展，要面对与农村完全不同的社会环境，承受的心理压力可能会非常大，若不能及时释放或疏通，不仅不利于他们身心的健康发展，还可能会给家庭、工作单位乃至社会都带来消极影响，最终导致人力资本贬值。目前，新生代农民工在心理健康方面的投资很少，没有专门性、系统性的辅导与培训，在这方面急需给予补充。

（三）新生代农民工在工作技能等培训方面的投资欠缺

新生代农民工在生产技能、岗位操作等方面的培训投资可划分为两种类型。一是"又工还农"的，或在距离农村居住地较近城镇就业的新生代农民工，他们在农村生活成长中累积的劳动技能、务工观念等还能应对这类城镇生产生活的需要。二是不再"又工还农"的，在远离农村居住地的大中城市工作，而且还计划长期在城市发展与生活的新生代农民工，他们在农村生活成长中累积的劳动技能、务工观念等方面的人力资本存量已经不能满足其生产生活的需要，这使他们在城市劳动力市场竞争中处于劣势。由于他们没有适应城市工作环境方面的专门劳动技能培训，以及对职业稳定等方面的理念教育，这些新生代农民工往往不能适应城市中的工作环境与要求，不能充分发挥自身劳动价值的潜能。如果新生代农民工仍计划对其他方面的人力资本进行投资的话，而他们的父辈又不可能拿出额外的支出对其进行人力资本投资，就只能通过两种方式来完成。一种方式是借助单位的力量来实现，即新生代农民工先找到工作，利用工作单位的平台，通过"边干边学"来提高自身的岗位操作技能和人文素质。另一种方式是向他人借钱，通过借钱的方式保证新生代农民工的后续教育，但是人力资本投资的回收期较长且收益不确定，通过借钱来投资，后期回报不明确，往往会使新生代农民工本人及其父辈家庭的债务负担加重。出现这种情况时，一是会放弃继续投资，二是降低各项投资成本，但这样做就不能全面达到进行人力资本投资的既定效果，并可能因为本身的投资过度而陷入更加贫困的状态之中，最终会对新生代农民工的初始人力资本积累形成不良的影响。

（四） 新生代农民工人力资本在身心健康方面的投资欠缺

作为城市"新市民"的主体——新生代农民工在融入城市的过程中，不仅需要弥补前期自身人力资本投资的各项不足，还需要面对其所在城市的生活和工作以及与原来农村完全不同的社会环境，因此他们需要缓解的心理压力也比较大，如果这些压力得不到及时地疏导和释放，不仅会严重损害自身，还会给社会、企业等带来消极影响。目前，新生代农民工在"市民化"进程中对心理健康等方面的资本投资很少甚至没有，不仅新生代农民工在前期没有这方面的积累与培训，而且在城市工作与生活的过程中也没有专门的系统性培训。一是在机构设置上，没有专业的组织机构，缺乏规划、资金、制度及办公场地等组织机构方面的人力资本投资。二是缺乏能进行专业心理辅导的工作人员，缺少掌握专业健康心理辅导的工作人员去了解新生代农民工在城市工作和生活中遇到的实际问题与状况。在机构设置、专业人员两个方面都存在投资匮乏的情况，严重影响了新生代农民工在心理辅导方面的投资与积累。

农村在医疗等方面的基础设施建设比城市弱很多，农民的基本卫生医疗服务不能得到有效满足，在饮食和营养结构等多方面存在的问题，使农村劳动力的身体素质整体不高。缺少足够的资金开展卫生医疗活动，不能对现有的农村医疗设施进行有效的维护、更新，大大地限制了新生代农民工健康素质的提高，导致包括新生代农民工在内的广大农民在医疗、健康方面的投资不足。即使进行了一定的教育资本投资，若缺少健康的身体与后期保健手段，就不能充分发挥身体的潜能，致使前期已进行的教育资本和知识资本投资效益大打折扣。

四　新生代农民工人力资本投资的路径突破

众所周知，路径依赖可能会循着旧有的错误路径"滑"下去，处于低效状态而不能自我革新。因此，旧的路径需要不断地进行突破与创新。近年来，路径突破的重要意义也逐渐被理论界所认识，可以通过内部革新或外部获取资源等方式突破现有发展方式的约束，实现路径超越，进而取得良好的经营效益。对新生代农民工人力资本投资来说，可以按其本质特征和分类情况，选择有效的人力资本投资路径并取得突破，以取得良好的投资效果。

（一）　按不同的投资阶段实现路径突破

新生代农民工人力资本投资可以分为新生代农民工初始形成（主要是早期的形成阶段）、成长发展、工作和维持保有四个阶段。目前，对新生代农民工人力资本投资，在很多情况下只关注现在和将来如何，而对新生代农民工初始人力资本形成阶段则关注较少，有的只是在研究层面，而缺少实践层面的支持。这不仅会导致当前新生代农民工初始人力资本无法补足，也会对正在成长起来的新生代农民工的下一代初始人力资本产生负面影响。这些仅仅依靠新生代农民工自身投入是远远不够的，必须在顶层设计上重视新生代农民工初始阶段的人力资本投入，才能使该群体的基数具有可积累性；对他们成长发展阶段的人力资本投资需要多方协同才能提高投资效果；对他们在工作阶段和维持保有阶段需要不同的投资主体进行关注和参与，才能实现人力资本投资与维护的效果。

（二）按不同的投资类别实现路径突破

学界曾经一度认为人力资本投资最主要的是智力投资，甚至以其代替全部的人力资本投资内容。这种认识会对人力资本投资产生偏差，往往是下了较大力气，却达不到预期的投资效果。所以对人力资本投资必须细化，按其组成要素分门别类地进行投资。只有按照知识资本、技能资本、健康资本、心理资本和医疗资本等分别进行有效投资，才是对人力资本投资路径突破的有效方式。不同的人力资本要素，涉及的专业领域差别很大。比如，对心理资本的投资需要有掌握心理学专业知识的人士参与，才会取得良好的投资效果；对健康资本的投资需要有医疗保健方面的专业人士参与，才能取得预期的投资效果。所以，按照人力资本的类别进行"分类式"投资，应是实现路径突破的主要方向。

（三）按不同的投资主体实现路径突破

新生代农民工人力资本投资动力分为内源性个人动力、外源性企业动力和引导性政府动力，这些投资主体可以从不同的投资角度实现路径突破，会取得更好的投资效果。不同的投资主体有着不同的投资目的和要求，且对人力资本投资有着不同的出发点，并发挥着不同的作用。人力资本投资个体对自身人力资本的短板最清楚，最希望对其短板进行有针对性的投资，但可能受到资金、时间等条件的制约而不能达到目的；企业与社会组织对人力资本投资可能更偏重于工作技能培训、岗前（在岗）教育等方面，但对人力资本的心理、学历教育等方面的投资并不注重，所以它们在进行人力资本投资时也存在一定的局限性；政府对人力资本投资有行政资源和财政资金等支持，其对人力资本投资的引导与杠杆作用的效果最为明显，可以在顶层设计、制度完善、政策扶持以及补足由于"市场失灵"所产生的投资不足等方面大展拳脚，并对个人无力投资、企业不愿介入的人力资本投资上予以大力支持，只有这样才能取得较高的投资效率。

（四）按不同的投资受体实现路径突破

对新生代农民工人力资本投资，既要普遍关注新生代农民工整体上的人力资本投资情况，还要关注新生代农民工中的特定群体，并以此作为路径突破的有效渠道之一。农民工的特定群体需要重点关注三类，一是女性新生代农民工。女性新生代农民工在新生代农民工中所占的比重越来越大，她们不仅有新生代农民工共同的特征，而且还有其特殊的、特定的需求，所以需要对女性新生代农民工给予特别的关注，进行有针对性的人力资本投资，以帮扶这个群体的成长与发展。二是新生代农民工中的"弱势"群体。新生代农民工本身在社会中就属于相对弱势的群体，这其中的"弱势"更是"弱中之弱"，一般都是家里出现困难、遇到突发事件等特殊情况，或是因病，或是因事故而致"弱"，对这部分新生代农民工人力资本投资要给予特别的关注，不能让"弱势群体"因为人力资本投资不当或不足而"掉队"，这需要引导性政府动力组织社会力量给予更多、更大的关爱。三是在中小微企业中就业的各类新生代农民工。他们就业于中小微企业，面临的市场环境、生存条件、工作环境相对更加困难，在中小微企业工作的强度和不稳定性更高，而且中小微企业发挥其外源性企业投资动力的作用十分有限，因此在中小微企业就业的新生代农民工更多地需要自身加强投资。所以，对在各类中小微企业就业的新生代农民工人力资本的投资必须予以格外的关注，需要政府"有形的手"来加强调控与指导，这也是从投资受体的角度对人力资本投资实现路径突破的关键所在之一。

选择新生代农民工人力资本投资的路径，应该打破原有的模式，从不同的投资阶段、不同的投资类别、不同的投资主体以及不同的投资受体等方面多维度考虑，并紧密结合党中央、国务院制定的各种政策，统筹兼顾，实现投资路径的突破与协调。

第七章　新生代农民工人力资本
构成与投资路径的协调

　　根据国内外有关研究与实践，本研究认为人力资本投资的主体不外乎政府、企业、社会组织和个人四个方面，对新生代农民工人力资本投资主体亦是如此。胡清华指出了新生代农民工人力资本投资存在的不足，认为新生代农民工人力资本投资存在着动力机制不健全、思想文化投资不平衡和人力资本双向流动渠道不畅等问题。[①] 张正提出，企业作为人力资本的投资主体之一，由于投资观念落后、趋于风险规避等，导致投资动力不足，在新生代农民工人力资本投资中存在责任缺失的情况。[②]

　　在我国二元经济长期存在、城乡发展不平衡的大背景下，市场这只"看不见的手"经常会发生"失灵"和"无效"的

①　胡清华：《新生代农民工人力资本投资策略探析》，《学术交流》2012 年第 12 期，第 108～111 页。
②　张正：《新生代农民工人力资本投资中的企业责任分析》，《企业技术开发》2014 年第 8 期，第 40～42 页。

情况，这就需要发挥政府的引导作用，以影响人力资本投资的发展与积累，推动新生代农民工人力资本投资的增长。但是，不同的投资主体有不同的投资规模、目的与渠道，所产生的人力资本投资效果也千差万别。对新生代农民工人力资本投资来说，需要根据人力资本构成的变化，找到"适合"的"投资路径"，而所谓的"适合"不是指某种路径的良性效果，而是指多路径的支持互补效应和共同作用来实现新生代农民工人力资本的持续增长与保值增值。

一　新生代农民工人力资本构成

新生代农民工人力资本构成理论是在一般性的人力资本理论基础上产生的，构成要素包括教育、健康和医疗保障等。随着国内外人力资本理论的进步和我国经济、社会环境的改变，特别是城镇化、市民化的影响，新生代农民工人力资本理论也得到了完善与创新。王李认为，新生代农民工人力资本是由健康投资、心理资本和知识投资三要素构成，但在实际运作中特别缺少对心理辅导与健康等方面的人力资本投资。[①] 孙立、仝时将新生代农民工的人力资本构成划分为三个方面，不仅包括教育资本、健康资本，还包括经验资本，并强调经验资本的重要作用与效果。[②]

[①] 王李：《我国新生代农民工人力资本投资问题研究》，《中国劳动关系学院学报》2014年第2期，第64～67页。

[②] 孙立、仝时：《人力资本对新生代农民工收入影响的研究》，《江苏科技信息》2011年第10期，第16～18页。

陈延秋、金晓彤也提出，社会资本与心理资本应纳入新生代农民工人力资本的构成因素中。[①]

通过对新生代农民工人力资本有关构成理论研究成果的总结与回顾不难发现，新生代农民工人力资本构成理论不仅受到传统人力资本理论的影响，更受到经济与社会环境发展变化的深刻影响，特别是产业结构升级与城镇化的发展，推动了有关新生代农民工人力资本理论研究的进展。结合本研究对新生代农民工的调查总结，将新生代农民工人力资本构成划分为学历教育、职业教育、身体健康、心理健康和社会经验五个方面。

二　有关研究假设

本研究认为，人力资本投资的路径可以按主体（国家、企业、社会组织和个人）和渠道（组织性渠道、自发性渠道）进一步分类，而无论是主体或渠道都受资金、方式、环境的影响。所以，可以由资金、方式和环境三者来代表人力资本投资路径的要素（见图7－1）。

资金、方式和环境对新生代农民工人力资本构成会产生一定影响，本研究关注的重点是这种影响的程度到底有多大，在资金、方式和环境中哪一个对新生代农民工人力资本构成的影响更大。对此，在借鉴有关人力资本理论的基础上，从人力资

---

① 陈延秋、金晓彤：《新生代农民工市民化意愿影响因素的实证研究——基于人力资本、社会资本和心理资本的考察》，《西北人口》2014年第4期，第105～111页。

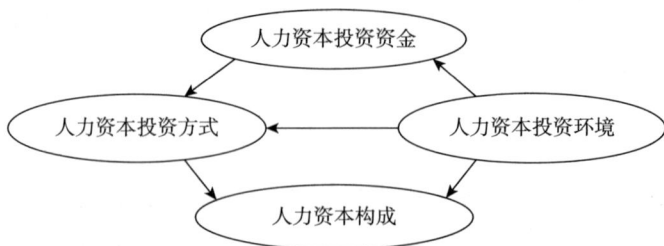

**图 7 - 1　人力资本构成与人力资本投资环境、资金和
方式的理论模型**

本投资的资金、方式和环境三个方面提出新生代农民工人力资本投资与构成的关系假设。

假设 1　新生代农民工人力资本投资环境、人力资本投资方式与人力资本构成正相关。

假设 2　新生代农民工人力资本投资资金与人力资本投资方式正相关。

假设 3　新生代农民工人力资本投资环境与人力资本投资资金正相关。

假设 4　新生代农民工人力资本投资环境与投资方式正相关。

三　有关研究设计

为了分析新生代农民工人力资本状况的影响要素，本研究重点分析人力资本投资的环境、方式和资金及人力资本构成四个要素的影响。其中，人力资本投资资金采用资金来源、资金投放方式和资金用途及结构 3 个指标来度量；人力资本投资环境采用专职资源、企业投资动力、工会组织作用、政策落实、个人投资占可支配收入的比重、投资规划和监督评价机制 7 个指标来度量；人力资本构成采用学历水平、职业技能、身体健康程度、心理健康程度和社会经验 5 个指标来度量；人力资本投资方式采用提高学历方式、举办专题劳动讲座、开展职业健康保健、积极心理辅导和组织文体活动 5 个指标来度量（见表 7 – 1）。

表 7 – 1　新生代农民工人力资本有关测量指标体系

要素	代码	指标	要素	代码	指标
人力资本投资资金（0～3）	A01	资金来源	人力资本构成（低～高：1～5）	C01	学历水平
	A02	资金投放方式		C02	职业技能
	A03	资金用途及结构		C03	身体健康程度
人力资本投资环境（劣～优：1～5）	B01	专职资源		C04	心理健康程度
	B02	企业投资动力		C05	社会经验
	B03	工会组织作用	人力资本投资的方式（低～高：1～5）	D01	提高学历方式
	B04	政策落实		D02	举办专题劳动讲座
	B05	个人投资占可支配收入的比重		D03	开展职业健康保健
	B06	投资规划		D04	积极心理辅导
	B07	监督评价机制		D05	组织文体活动

完成指标选择后，将其量化。在人力资本投资资金中，对资金来源，用 0 代表财政资金，1 代表企业资金，2 代表社会组织投入，3 代表个人投资；对资金投放方式，0 为一次性投

放，1 为多次性投入；对资金用途及结构，0 为教育，1 为职业培训，2 为医疗，3 为其他。

在其他的指标中，本研究根据实际情况，将收入和年龄这两个变量进行了细化处理。在收入方面，按 3500 元及以下、3501～4000 元、4001～4500 元、4501～5000 元、5001～5500元和 5501 元及以上分为 6 个收入群体；在年龄方面，按 24 岁及以下、25～33 岁和 34 岁及以上分为 3 个年龄群体（见表 7－2）。这样划分的原因在于，人力资本构成与收入不是简单的线性关系，探讨每增加 1 个单位收入或增加几个单位的人力资本构成，缺乏意义；同理，人力资本构成与年龄也不是线性关系，探讨每增加 1 岁或人力资本构成增加多少，也没有意义。本研究认为只有对各个不同收入的人群和各个不同年龄人群的人力资本构成及其影响要素进行比较，才有利于探讨深层次的原因，并以此为依据制定相关制度和政策等。

表 7－2　调查样本的分布情况

单位：人，%

编号	项目	人数	占比
性别：S01	男	754	57.56
	女	556	42.44
年龄：S02	24 岁及以下	251	19.2
	25～33 岁	430	32.8
	34 岁及以上	629	48.0

编号	项目	人数	占比
收入：S03	3500 元及以下	42	3.21
	3501～4000 元	103	7.83
	4001～4500 元	135	10.32
	4501～5000 元	333	25.43
	5001～5500 元	518	39.54
	5501 元及以上	179	13.67
总计		1310	100

　　本次调查的对象包括在北京、上海、杭州和福州等地工作的新生代农民工，有关高校的理论研究人员、地方政府部门和工会组织的工作人员、企业人力部门负责人等。抽样方法采用判断样本抽样和比例抽样相结合的调查方式。

　　本研究中所用的调查方法以现场访谈为主，邮寄式调查问卷回收为辅的方法，请各位新生代农民工，有关专家、政府和工会组织的工作人员以及企业人力部门的负责人对问卷进行填写。其中，同一企业人力部门负责人的回答与新生代农民工的回答放在同一份问卷中，这样就保证了企业人力部门负责人的回答与新生代农民工回答能准确反映该企业的实际情况。新生代农民工各项测量指标的基本描述见表7－3。

表 7 - 3　各类调查指标的描述统计

要素	代码	指标	样本数	均值	标准差
人力资本 投资资金	A01	资金来源	1548	1.32	0.426
	A02	资金投放方式	1548	1.52	0.491
	A03	资金用途及结构	1548	1.08	0.321
人力资本 投资环境	B01	专职资源	1548	1.89	0.856
	B02	企业投资动力	1548	3.15	0.279
	B03	工会组织作用	1548	2.19	0.461
	B04	政策落实	1548	4.16	0.512
	B05	个人投资在可支配收入中的比重	1548	3.53	0.642
	B06	投资规划	1548	2.18	0.728
	B07	监督评价机制	1548	3.15	0.635
人力资本 构成	C01	学历水平	1548	3.27	0.341
	C02	职业技能	1548	3.15	0.187
	C03	身体健康程度	1548	4.56	0.254
	C04	心理健康程度	1548	3.81	0.564
	C05	社会经验	1548	3.67	0.739
人力资本 投资方式	D01	提高学历方式	1548	4.14	0.857
	D02	举办专题劳动讲座	1548	2.18	0.764
	D03	开展职业健康保健	1548	2.86	0.437
	D04	积极心理辅导	1548	3.01	0.538
	D05	组织文体活动	1548	4.08	0.345

四　结构方程建模与分析

(一) 要素结构

为了解与新生代农民工人力资本构成的有关各要素，需要对上述数据进行分析，根据 KMO 和 Bartlett 检验情况，对该数据集进行要素分析是适当的（见表 7 - 4）。

表 7 - 4　指标 KMO 和 Bartlett 因子分析总体适合性检验

KMO 取样充分性		0.847
Bartlett 球形检验	近似卡方值	2135.431
	自由度	253.000
	显著性	0.000

对表 7 - 1 的数据进行迭代式多轮探索性要素分析，通过主成分抽取和斜交旋转，取得要素结构。

因子分析的结果表明，测量变量和潜变量之间的假设关系成立，并且各测量变量的载荷系数均在 0.60 以上（见表 7 - 5），表明测量变量与潜变量之间存在较强的关系。

表 7 - 5　各指标因子旋转后的载荷矩阵及结构效度检验结果

代码	指标	人力资本投资资金	人力资本投资环境	人力资本构成	人力资本投资方式	人口统计特征
A01	资金来源	0.696	—	—	—	—

代码	指标	人力资本投资资金	人力资本投资环境	人力资本构成	人力资本投资方式	人口统计特征
A02	资金投放	0.748	—	—	—	—
A03	资金用途及结构	0.838	—	—	—	—
B01	专职资源	—	0.754	—	—	—
B02	企业投资动力	—	0.831	—	—	—
B03	工会组织作用	—	0.826	—	—	—
B04	政策落实	—	0.747	—	—	—
B05	个人投资在可支配收入中的比重	—	0.679	—	—	—
B06	投资规划	—	0.703	—	—	—
B07	监督评价机制	—	0.831	—	—	—
C01	学历水平	—	—	0.714	—	—
C02	职业技能	—	—	0.823	—	—
C03	身体健康程度	—	—	0.757	—	—
C04	心理健康程度	—	—	0.701	—	—
C05	社会经验	—	—	0.838	—	—
D01	提高学历方式	—	—	—	0.869	—
D02	举办专题劳动讲座	—	—	—	0.754	—
D03	开展职业健康保健	—	—	—	0.783	—
D04	积极心理辅导	—	—	—	0.815	—
D05	组织文体活动	—	—	—	0.837	—
S01	性别	—	—	—	—	0.718
S02	年龄	—	—	—	—	0.652
S03	收入	—	—	—	—	0.706
	特征值	4.371	3.854	2.179	1.863	1.214
	方差解释量（%）	26.317	18.427	16.853	12.731	8.237
	累计方差解释量（%）	26.317	44.744	61.597	74.328	82.565

（二）信度和效度检验

为了检验问卷的稳定性，本研究还进行了信度检验。结果显示，问卷同质性信度在 0.7 以上，这表明该指标体系具有一定的可信度和有效性；同时，斜交旋转后人口统计指标累计方差解释量达到 82.565%，显示出测量有较好的结构效度（见表 7 - 6）。

表 7 - 6　指标因素分析的综合信度与效度

项目	指标	人力资本投资资金	人力资本投资环境	人力资本构成	人力资本投资方式	人口统计指标
同质信度	因子克朗巴哈系数	0.746	0.785	0.752	0.837	0.748
	问卷克朗巴哈系数	—	0.714	—	—	—
结构效度	特征值	4.371	3.854	2.179	1.863	1.214
	方差解释量（%）	26.317	18.427	16.853	12.731	8.237
	累计方差解释量（%）	26.317	44.744	61.597	74.328	82.565

（三）结构方程模型检验与比较

通过验证因子分析，将测量变量与潜变量之间的假设关系得到证实；在此基础上，利用 Liserel 软件进行结构方程建模，对潜在的两个模型进行路径分析（见图 7 - 2）。

其中，模型 1 和模型 2 中各因子之间相关系数估计值具体见表 7 - 7 和表 7 - 8。

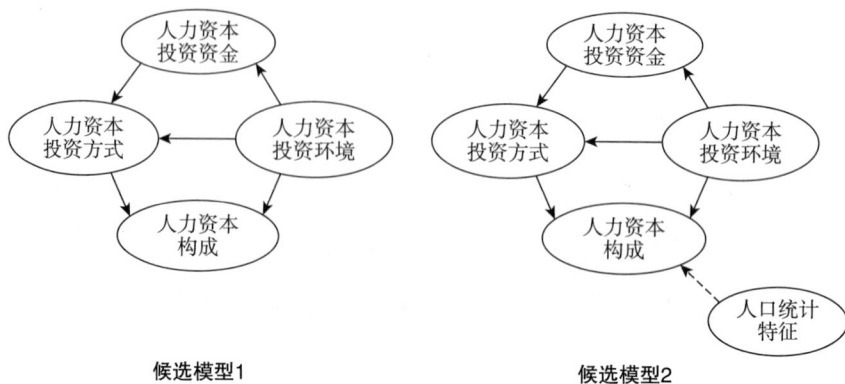

候选模型1   候选模型2

图 7 - 2   两个候选模型结构

表 7 - 7   模型 1 各因子之间的相关系数估计值

指标	人力资本投资资金	人力资本投资环境	人力资本构成	人力资本投资方式
人力资本投资资金	1	0.86	0	0.67
人力资本投资环境	0.86	1	0.84	0.83
人力资本构成	0	0.84	1	0.87
人力资本投资方式	0.67	0.83	0.87	1

表 7 - 8   模型 2 中各因子之间的相关系数估计值

指标	人力资本投资资金	人力资本投资环境	人力资本构成	人力资本投资方式	人口统计特征
人力资本投资资金	1	0.83	0	0.64	0
人力资本投资环境	0.83	1	0.86	0.89	0
人力资本构成	0	0.86	1	0.91	0.88
人力资本投资方式	0.64	0.89	0.91	1	0
人口统计特征	0	0	0.88	0	1

对模型中未知参数的估计，选用极大似然估计方法。根据结构方程模型的统计量与通过条件，模型 1 的 NFI 指标为 0.86，略小于阈值 0.9（见表 7-9）。从实际情况看，其待估计参数多，而样本量相对较少，NFI 存在被低估的可能性。而 NNFI 则消除了自由度的影响，可以更客观地反映估计结果。由此可以得出模型 1 通过了结构方程模型的各项指标检验的结论。同理，根据模型 2 的检验结果，可以得出模型 2 也通过了检验的结论。

表 7-9 结构方程模型的检验统计量与通过条件

指标类	指标	模型 1	模型 2	通过条件
卡方检验	df	190	253	——
	最小拟合方程 X2	374.271	315.138	——
	正杰理论 WLSX X2	374.652	371.153	——
	X2/df	1.97	1.24	——
	NCP	95.21	89.37	越小越好
模型检验	最小拟合方程值	0.64	0.57	——
	F0	0.31	0.29	——
	RMSEA	0.046	0.027	——
交叉效度	ECVI	0.71	0.54	越小越好
	饱和模型 ECVI	0.73	0.65	越小越好
	独立模型 ECVI	0.68	0.67	越小越好
拟合优度	RMR	0.046	0.043	越小越好
	SRMR	0.071	0.068	< 0.08
	GFI	0.92	0.94	> 0.9
	AGFI	0.91	0.96	> 0.9

续表

指标类	指标	模型 1	模型 2	通过条件
拟合优度	PGFI	0.64	0.68	>0.5
	NFI	0.86	0.92	>0.9
	NNFI	0.90	0.91	>0.9
	PNFI	0.61	0.74	>0.5
	CFI	0.93	0.96	>0.9
	CFI	0.91	0.97	>0.9
拟合优度的波动性	独立模型 X2	1467.28	1465.29	—
	Independence AIC	1487.54	1481.68	越小越好
	Model AIC	351.27	298.19	越小越好
	Saturated AIC	341.34	308.28	越小越好
	Independence CAIC	1527.86	1518.79	越小越好
	Model CAIC	876.45	764.29	越小越好
	Saturated CAIC	956.37	927.17	越小越好
关键样本量	CN	289.17	286.45	>200

　　此外，比较模型 1 和模型 2 中各潜变量之间的相关系数发现，模型 2 中人力资本投资方式与人力资本构成之间的相关系数是 0.91，这一相关性强于模型 1 中的对应关系；而模型 1 中人力资本投资环境与人力资本构成之间的相关系数是 0.86，这一相关性也弱于模型 2 中的对应关系。

　　为了在以上两个模型中找出最恰当的模型结构，根据条件和潜变量之间的相关强度，本研究比较了模型 1 和模型 2 的效果。结果表明，模型 2 的各项检验指标均优于模型 1，因此本研究选择将模型 2 作为结构方程建模的最终结果。

五　有关结果讨论

根据上述结构方程建模结果，汇集整理的各假设论证情况见图 7 - 3。

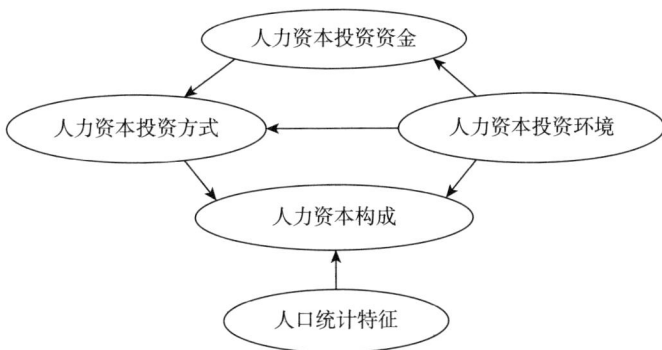

图 7 - 3　经实证后的理论模型

本研究的实证结果显示，文中提出的 4 条假设均得到了论证。此外，本研究还得到了新的发现，人力资本构成与人口统计信息之间存在相关性。

从本研究中可以看出人力资本构成主要受到两条路径的影响，第一条路径是人力资本投资方式，投资方式对人力资本构成具有较强的影响作用，二者之间的相关系数是 0.91；第二条路径是人力资本投资环境对人力资本构成具有较高的影响力，二者之间的相关系数是 0.86，并且对投资方式也会产生影响，作用于投资方式的生成与实现。

从相关系数的角度来看，人力资本的投资方式对人力资本构成的影响大于人力资本投资环境的影响。这表明，在新生代农民工人力资本构成状况中，人力资本投资方式对其影响较为重要，投资方式需要与新生代农民工人力资本现实需求相匹配，才能取得较好的投资效果。另外，人力资本投资环境需要各投资主体共同建设，新生代农民工人力资本价值的体现与保值需要有良好的投资环境来维护。其中，第一条路径表明了在人力资本投资方式中，通过开展职业健康保健、参加积极的文体活动等，就可以促进新生代农民工人力资本构成状况的改善与提高。而第二条路径则表明人力资本投资环境对投资方式、人力资本构成了双向影响，企业投资动力、工会组织作用和监督机制的健全，会对构造良好的新生代农民工人力资本投资环境具有积极的促进作用，这也是新生代农民工人力资本构成与积累的主要条件。

良好的内外部环境，促进了人力资本的投入，特别是作为主要承载体的企业提高了投资的主观能动性，将大大提高人力资本投资效果，而且企业的积极参与，既可以让国家有关帮扶新生代农民工的政策得到有效落实，又可以提升新生代农民工人力资本投资中的资金效率，进而推动投资方式的转变。

笔者通过模型发现，人力资本投资的资金来源对人力资本投资方式起到一定的影响作用，这说明不同的资金来源对应着不同的用途，进而影响了投资方式。而且，不同的资金投放方式也在一定程度上影响着投资方式，如财政资金偏好于投向学历等正规教育方面，企业资金则更多地偏好于投向职业技能与安全劳动等方面。

本研究的假设模型还表明，对新生代农民工人力资本构成来说，投资资金、投资方式和投资环境都是多个主体、多个维度相互影响、共同作用的结果。这就要求在进行新生代农民工人力资本投资时，要充分利用、吸引不同的主体，拓展不同渠道的资金，采取多主体的人力资本投入机制，是强化新生代农民工人力资本投资效果的有效方式。所以，针对不同人口特征的新生代农民工进行"差别式"投资，可以取得更好的人力资本投资效果。

新生代农民工人力资本投资是一个开放性高、灵活度大、连续性强的复杂过程，不同的人力资本构成需要和不同的人力资本投资方式与资金渠道相匹配，通过做好新生代农民工人力资本投资环境的设计与建设，特别是创造良好条件，鼓励和引导劳动密集型企业充分发挥投资主力军的重要作用，是新生代农民工教育资本以外的其他人力资本构成要素的重要补充来源，因此应通过各种力量共同推动新生代农民工人力资本投资的增长和累积效率的提高。

第八章　新型城镇化下新生代农民工人力资本投资与累积

2014 年 3 月,《国家新型城镇化规划 (2014 ~ 2020 年)》正式发布;2014 年 12 月, 国家发改委等 11 个部门联合下发了《关于印发国家新型城镇化综合试点方案的通知》, 将江苏、安徽两省和宁波等 62 个城市 (镇) 列为国家新型城镇化试点地区。尽管我国城镇化发展水平已经有了一定程度的提高, 但若考虑农民工尚未真正融入城镇的现实情况, 还需要持续不断地推进。大力调整经济结构, 加快各类城市服务行业的快速发展, 无疑是为新生代农民工创造更多的就业与提高收入的机会, 为新生代农民工在城镇工作置业提供条件保障, 进而加速新生代农民工融入城市的步伐。

一　有效增加新生代农民工人力资本的投资动力

新型城镇化的发展不仅扩大了现有城镇规模, 增加了新建城镇的数量（其中规模的扩大会影响到社会生产、生活交往形式与方式的变化），而且还为发展城镇所依托的产业结构带来调整与升级，以信息服务、快递服务、房产中介为主的第三产业的发展，吸纳了大批农村剩余劳动力，使城镇的人口规模不断增长。城镇不仅是经济现代化的地域载体，也是生活方式现代化的区域载体。农村地区人口的聚集、经济活动的非农化、农民职业转换、农村人口空间转换、城市生产与生活方式的形成与普及等，成为新型城镇化的主要特征。在新型城镇化发展的大背景下，对新生代农民工人力资本投资动力、市民化进程都将会产生深远的影响。

新型城镇化的发展可以促进新生代农民工人力资本投资动力的增加。城镇化与原有农村经济结构有着很大的差异，这种差异的变化导致人力资本的结构变化和劳动力市场的变化。新型城镇化发展可以促进国家、劳动密集型企业和新生代农民工个人对教育、健康、职业培训的投资，同时也能促使新生代农民工迁徙，经济增长还会刺激对高技能人力资本投资的需求。新型城镇化的发展还可以带来涵盖健康、医疗卫生和综合保障在内的各项社会福利进步，新生代农民工工资收入的增加也有助于增加他们在卫生、医疗保健方面的支出，对推动卫生、保健等医疗方面人力资本投资的发展有很大的正向作用。在新型城镇化发展条件下，劳动密集型企业的规模也在扩大，需要招收大量新生代农民工作为新员工满足企业发展的需要，对新员工开展各种岗前培训、在岗教育和日常管理等工作，是外源性企业动力的主要表现之一。企业通过对员工的教育与培训，增加了对新生代农民工人力资本的投资，有利于其整体素质的提高。

二 有效推进以政府为主体的新生代农民工 人力资本的投资路径

新型城镇化的一个重要目标就是将部分农村剩余劳动力向城市转移，使其成为新市民。我国农业人口基数庞大、数量众多，在全国人口中所占比重较大，伴随着城镇化发展与推进，必然会有更多的农村剩余劳动力向城镇转移，进入城镇生活与工作。在这种宏观背景下，在新生代农民工从农村向城镇转移的过程中，制定、细化、落实与之相配套的各项就业、生活政策，如劳动保障与维权、子女教育、社会保障、户籍迁入（出）等，使以政府为主体的人力资本投资在路径选择上起到了动力释放的助推作用。

（一）拓展劳动保障、技能培训等以企业为主体的人力资本投资路径

新型城镇化的未来发展不是在规模上进一步做大目前的大中城市，而是大力发展以广大农村地区为依托的中小城镇，让这些中小城镇发展壮大，不断完善其各类社会职能，这样不仅可以转移农村大量的剩余劳动力，也不至于造成特大城市的人

口超载。就其本质来说，发展新型城镇化的过程就是大力缩小城乡发展差距的过程。通过城镇化，人口和社会生产力可以由农村向周边城镇聚集，可以更好地将农村相对有限的各种生产资源投入相对集约的生产领域，可以让进城工作的各类新生代农民工有机会享有与城镇居民同等待遇的工资福利、劳动保障，并且有机会通过后续教育、培训、升职等途径向社会上层流动，进而使个人收入和家庭福利增加。这些情况的改善，都需要进行规模、细分、专业性甚至有针对性的人力资本投资。这就需要依托企业积极拓展新生代农民工人力资本投资的路径，在新型城镇化的带动下，有效引导新生代农民工增加在劳动保障、劳动权益和其他人力资本福利等方面的投资，不断完善新生代农民工人力资本投资，提高投资回报率。

（二）有效开发以社会组织为主体的心理资本等投资路径

近年来，新生代农民工为城镇的发展与建设做出了较大的贡献。随着农村剩余劳动力的不断转移，农村劳动力也逐渐成为城市工人的一部分，在各个工作岗位上发挥着各自的作用。但是新生代农民工在城镇生活中主要会遇到两个方面的压力，一是工作压力，二是生活方式不适应的压力。新生代农民工从农村环境进入城镇生活，会对亲属、朋友、家庭以及原有的生活方式产生较大的怀念感。生活与工作地点的变迁，需要他们尽快熟悉城镇的生活环境、跟上工作节奏。放弃原来的生活方式需要有一个适应与转变的过程，特别是心理上的转变。有关研究显示，心理资本是位于教育资本之后的较为重要的人力资本积累。虽然新生代农民工的心理状态易于市民化，而且更加容易接受新事物，但是他们的心理承受力较弱，遇到困难或压力易于打退堂鼓，选择回避，消极应对，甚至做出不利于自身发展的极端行为。新型城镇化的发展，使城镇的社会生活与农村的社会生活相比有更大的提高，信息沟通等更加流畅，城镇化的发展也为社会组织功能的完善提供了较好的基础，这些可以对新生代农民工人力资本投资的细化产生良好的促进作用。各个投资主体可以有条件对新生代农民工进行工作、生活等方面的培训，更新其观念，为他们传授在城市工作、生活中所应该掌握的知识与技巧。心理资本除了可以大大加快新生代农民工的智力成长，还可有助于促进新生代农民工情感的发展，成熟其心智，改善其心理素质，加速其适应城镇生活，减少其在融入城市生活过程中不必要的麻烦。所以新型城镇化的发展，可以有效地增加以社会组织为主体的有针对性、定制式的和前置式的人力资本投资，这些对新生代农民工适应城镇生活与环境转变具有重要意义。

（三）有效增加新生代农民工个体教育资本投资的路径

以往的研究显示，受教育年限长的人比受教育年限短的人其思想可能更加开明，自信心也强。他们对工作地点的选择、职业变动等持有开放与积极的心态，更愿意流动，追求更新的事物。调查也显示，学历与受教育年限长的新生代农民工比学历与受教育年限短的新生代农民工，更倾向外出打工、"闯闯世界"。同时，受教育年限越长、学历越高的新生代农民工对事物接受与理解的能力也就越强，更容易找到合适的工作，更容易融入城市的社会生活中去。所以在同等条件下，拥有更长教育年限的新生代农民工更加注重流动与发展，更期盼从相对落后的农村迁移到现代化城镇中去工作和生活，并逐渐实现市民化。新型城镇化的发展，随着各类资源不断地向城镇集聚，城镇的基础建设、各项社会功能会越来越完善，不仅对基础教育、职业教育有较大的促进作用，甚至对高等教育的发展也产生较大的推动效果。通过城镇化的带动，新生代农民工个体人力资本投资的动力会大大提升，进而增加对教育的投资力度与规模，特别是能够有效地增加对教育资本的投入，进一步完善新生代农民工人力资本投资结构与要素构成。

三　新型城镇化对新生代农民工人力资本累积的影响

（一）新生代农民工人力资本投资与累积的联系与区别

在本研究中，新生代农民工人力资本累积是指通过一定时间的人力资本投资活动，是作用于新生代农民工身上人力资本价值与成果的体现。

1. 新生代农民工人力资本投资与累积的联系

（1）无论是人力资本投资还是人力资本累积，其承受人与表现人都是新生代农民工。

（2）人力资本投资是人力资本累积的基础，只有先开展投资活动，才会有日后的人力资本累积。

（3）人力资本累积是人力资本投资的结果，是作用于新生代农民工身上人力资本的效果，是以良好的人力资本投资为支撑的。

2. 新生代农民工人力资本投资与累积的区别

（1）新生代农民工人力资本投资的主体可以分为政府、企业、社会组织和个人（家庭），而新生代农民工人力资本累积的对象只是新生代农民工个体。

（2）人力资本投资可以直接改善、提高或增加新生代农民工的劳动生产能力，即他们进行劳动所必需的智力、知识、技能和体能，更偏重于微观层面。而新生代农民工人力资本累积的表现，不仅在个人微观层面，还在于中观层面，反映的是新生代农民工在人力资本投资方面一定时期以来的综合成效。

（3）人力资本投资是连续性、动态性的过程，其连续性体现为在生命历程的各阶段都要进行人力资本投资。新生代农民工在完成一定的正规教育之后进入社会从事生产劳动，要接受各种在职培训，进入劳动过程还要参与各种后续教育。外部环境的日新月异，促使个体为了跟上时代的步伐，必须要不断地更新观念与知识，这就需要往复不断地进行人力资本投资，中断对人力资本的投资即是人力资本的贬值。从时间跨度上讲，人力资本投资要贯穿人的一生，此即人力资本的动态性。在

《现代汉语词典》（第7版）中，"累积"的含义是逐渐聚集，多指通过蓄积和堆积，实现增加的意思，一般强调为数量上的增加。所以新生代农民工人力资本累积可以视为一定阶段的人力资本投资成果的总结与表现。

（4）人力资本投资由于主体不同、目的不同等，致使不同时期的人力资本投资形式、内容和方式等要素均不相同。新生代农民工人力资本投资并非一成不变，而是一个不断发展、不断升华的动态过程。在这个过程中，逐步与社会化大生产的要求相适应，推动着社会效益的提高与社会的进步。

（二）人力资本累积对新生代农民工的作用

1. 提高新生代农民工的信息获取能力

信息能力的强弱决定了个人决策能力方面的高低。在当代激烈竞争、多变的经济环境中，不单是"大鱼吃小鱼"，更是"快鱼吃慢鱼"，如果可以在最短的时间内掌握所需信息，就可以抓住有限的发展机遇，所以获得信息资讯的能力成为个人的重要经济能力。新生代农民工所能拥有的人力资本多寡与个人的理解、认知能力存在正相关关系，因此新生代农民工个体接受的教育与培训越高级、越长，就会拥有越强的信息理解能力和把握能力，而通过人力资本累积是提高获取信息能力的必要基础，使其能够把抓住机遇，改善工作境遇，提高自身的工资收入。

2. 改善新生代农民工的工作适应能力

通过人力资本投资会对职业适应能力产生影响。新生代农民工的非农就业过程也是其在职业形式、生活环境以及社会角色等方面发生巨大改变的过程。与他们的父辈相比，虽然新生代农民工更开化、更容易改变，但在城市的经济生活、社会交往、价值观念和社会道德等方面仍然会受到一定的冲击。而人力资本累积会逐步提高新生代农民工非农就业的职业适应能力，而非农就业的职业适应能力是其成功实现就业转型的重要前提和基础。

3. 提高新生代农民工的劳动技能

通过各种职业技能方面的教育累积，能够使新生代农民工增加工作技能、强化操作的熟练程度。新生代农民工的就业过程，也是参与市场竞争、获取工资收入的过程。通过各种岗位培训、职业训练、顶岗训练等方式的锻炼，使其拥有较为熟练的业务技能，新生代农民工可以在寻找工作的过程中，拥有更大的自主权，获得工资、工作时间等谈判能力的锻炼。例如，电工、瓦工、厨工、家政和美发等工种，其工资收入水平会根据每个个体的技术熟练程度而不同，存在较大的收入差距。所以可以通过各类职业教育与岗位培训，增加新生代农民工的工作技能、提高新生代农民工生产技术的熟练程度，成为提高新生代农民工人力资本积累的助推器，最终会提高新生代农民工群体的工资收入水平。

（三）有效拉动新生代农民工人力资本累积

城镇经济发展越快所带来的规模经济和行业聚集效果也就

越明显，劳动分工的专业化程度也就越精细，这些都会对新生代农民工人力资本投资产生较大的影响。专业性个体知识的快速传播，降低了新生代农民工人力资本投资的单位成本，既提高了人力资本投资的效果，也提升了新生代农民工人力资本累积的效果。

城镇化聚集度与城市（特别是小城镇）的基础建设对人力资本累积进程有着极大的促进作用。例如，在新型城镇化过程中修建更多、更好的教育用房，增加公共医疗机构的数量，修建和完善各种有利于新生代农民工身体和心理健康的文体娱乐场所等与人力资本投资密切相关的基础设施，这些都会对新生代农民工人力资本累积发挥良好的功能性作用。

总之，新型城镇化推进了新生代农民工的市民化进程，提高了经济与社会开放度，完善了城镇的基础设施建设以及各类社会服务功能，对新生代农民工人力资本投资在动力、路径和累积等各个方面的创新具有积极的促进作用。可以说，城镇是新生代农民工的社会学校，新生代农民工可以从中提高素质、增加认识事物的能力、接受城镇文化的熏陶、增强自身的适应能力。新生代农民工在新型城镇化过程中的发展，其本质也是人力资本投资形成、累积的过程，这个过程的转换有助于新生代农民工对知识、教育和信息的获取，有利于降低新生代农民工市民化的门槛，为新生代农民工营造较为宽松有利的外部环境，有利于实现新生代农民工市民化，增强新生代农民工离土、离乡、敢闯"世界"的勇气与力量。

四　新型城镇化下新生代农民工
人力资本投资的创新

实现新型城镇化是一项长期的系统工程，是我国经济社会发展水平全面提升的重要标志。新生代农民工人力资本投资的动力、路径与累积需要以新型城镇化为基础进行有效融合，以加快新生代农民工人力资本积累效果，进一步提高我国劳动力人口的综合素质。

（一）对新生代农民工人力资本投资动力的创新

实现新型城镇化也是产业升级与完善的过程，产业升级与完善是以各类企业发展为基础的，而且新型城镇化下的企业也多为劳动密集型的中小企业，这些企业是吸纳新生代农民工就业的主要力量。所以对于新生代农民工人力资本投资，应该在政府的指引下，紧紧依靠外源性企业和社会组织，以其为主要动力源泉，再辅以内源性个人动力，共同推进新生代农民工人力资本投资的发展。

新生代农民工在企业进行生产劳动，没有太多的个人时间，所以应以企业为平台，充分利用企业的各种培训资源，如岗位培训、脱产学习等，通过"边干边学"和社会组织提供心理资本方面的投资，维持人力资本的保值与提高。通过政府各项政策的引导，鼓励各类新生代农民工集中就业的劳动密集型企业积极开展通用性人力资本投资，并给予企业一定的税收优惠和政策支持，让企业认识到人力资本投资不仅是成本投入，还是提高经营效益的基础。通用性人力资本投资提高了劳动密集型企业员工的整体工作技能，在其他生产要素投入不变的情况下，可借助劳动生产率的提高，实现企业内涵式扩大再生产，这是对新生代农民工人力资本投资的创新方式之一。

（二）对新生代农民工人力资本投资路径的创新

新型城镇化是实现人的城镇化与市民化。城镇化与传统农村生活相比较，在生活方式、人际交往等方面发生了翻天覆地的变化。随着城镇化进程的加速，生活品质的要求也在逐步提高，生活服务多元化、精细化需求的大幅提升，带动了商贸流通、起居饮食、居家服务等服务性行业的大量兴起。在社会分工与需求专业化越来越细分的情况下，对人力资本投资也应该另辟蹊径，以人力资本的分类为基础，分别建立各自的投资路径。例如，建立起有利于心理资本投资的社会组织有效投资路径，通过引导有关资源的投入，完善对新生代农民工人力资本投资。具体的路径创新方式是以人力资本的构成要素为基础，以专业化分工为依托，每种构成要素对应着各自的投资路径，进行专业化的人力资本投资，创造出更好的投资效益。

（三）对新生代农民工人力资本投资累积的创新

新型城镇化的发展布局和新生代农民工人力资本累积存在

相互促进、相互推动的互动关系，需要做好两者的协调工作，并在此基础上进行新生代农民工人力资本投资累积的创新，使两者统一、和谐发展。在城镇建设规划设计方面，一定要有助于提高新生代农民工人力资本的累积，应该注重为新生代农民工人力资本的投资、升值创造良好的条件。从面向可持续发展经济以及健全城镇功能的角度，在新生代农民工人力资本基础设施建设上，做好规划先行工作，标准应该符合实际情况并适当超前，不仅要合理规划各类基础义务教育的地区分布，还要充分兼顾各类职业技术教育的地区分布，以实现教育发展拉动城市发展，保证可持续发展的城镇规划落地实施。要下大力气发展与新生代农民工人力资本积累密切相关的教育设施、文体建设、医疗保障、心理辅导、休闲娱乐等公共服务；在加强硬件基础建设的同时，也要十分关注各类软件的投入与建设，将城市建设与人力资本累积紧密联系起来，极大地发挥城镇建设在增加新生代农民工人力资本累积方面的积极作用，实现对新生代农民工综合素质、心理状况、信息观念和生活工作条件的全方位提高。

随着城镇化发展水平的不断提高，新生代农民工的工资收入、生活水平也在不断提高，大力发展知识经济、信息经济，以满足新生代农民工在市民化进程中对劳动技能、劳动保障以及知识经济、信息经济时代所带来的各种新需求。在新型城镇化模式下，为适应新生代农民工对人力资本投资的新变化，教育投资的内涵与形式必须做出相应的创新和补充，如大力加强与教育相关的基础设施建设，培养与储备大量的教育人才，使用先进、新颖的教育手段与方式等。

五　对新生代农民工人力资本投资系统的创新

人力资本投资的动力、路径和累积构成了人力资本的综合性投资系统，这个系统包括人力资本投资的多个层面与维度。新生代农民工只有掌握并灵活运用各类知识，才能发挥自身人力资本的作用，并通过劳动来换取工资报酬，这其中还包括技能投资、培训投资等。通过持续的教育和培训，加强新生代农民工的劳动技能、熟练程度和技术水平等，进而提高新生代农民工的素质与综合能力。作为人力资本的承载体，光有知识资本是远远不够的，还要有健康资本。这种健康资本是在新生代农民工健康状态上的一种扩展，包括身体机能稳定、有较强的耐受力和承受力、有持续的工作能力和抵抗疾病的能力。心理资本也是构成人力资本的要素之一。新生代农民工经过后天的学习与辅导，保持良好的心理状态，对缓解工作和生活压力、持续发挥人力资本的效用有着重要影响，其涵盖了主动性、意志力、自我调节和积极沟通等。所以，对新生代农民工人力资本投资应该在原有累积的基础上，通过政府的资金支持和政策引导做出必要改善；新生代农民工集中就业的各类劳动密集型企业、社会中介与公益机构，要互相协调、配合工作，发挥各自的作用，从不同的角度、类别来促进、实现新生代农民工人力资本投资系统的创新。

　　在新型城镇化背景下，需要政府发挥引导性动力作用，通过财政投入和政策引导加大对新生代农民工人力资本投资的宏观推动力（见图8-1）。例如，可以按一定比例从财政资金中拨出专项新生代农民工后续教育投资经费，保证在新生代农民工的职业教育、学历教育投入方面"不缺钱"；同时做好制度安排与设计工作，创造良好的外部环境，为新生代农民工提高教育层次提供支持条件；加快消除在户籍、社会保障等方面的差别，让新生代农民工真正享受市民待遇；积极鼓励、引导劳动密集型企业发挥外源性动力作用，积极对所聘用的新生代农民工进行职业教育、技能养成等综合培训；通过社会组织、工会组织，开展各种有益于新生代农民工身心健康的文体活动，"点对点"式地帮扶生活困难的新生代农民工，让他们感受到社会与企业的关爱。

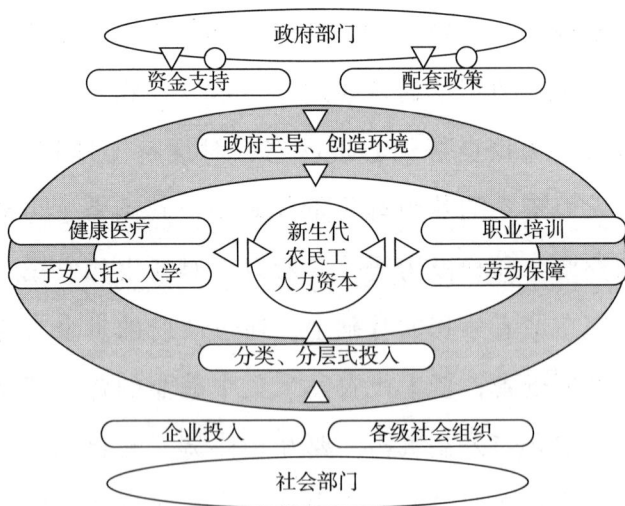

图 8-1　新生代农民工人力资本改善、提高及运用示意

　　通过财政资金、企业资金、社会资金和新生代农民工个体等多个渠道，增加新生代农民工人力资本投入的资金来源。通过政府引导建立良好的投资环境，在教育资本、健康资本、心理资本以及权益保障等方面，细分人力资本投资子项，实施类别化、层次化的新生代农民工人力资本投资。

第九章　新生代农民工人力资本投资积累效率的测算

　　新生代农民工人力资本投资是由动力、路径及累积等部分组成的综合体系，各部分发挥各自不同的职能作用，分别对新生代农民工人力资本投资做出贡献。新生代农民工人力资本投资积累效率的高低，决定了如何进一步改进与提高其人力资本投资的有效性问题，所以有效测算新生代农民工人力资本投资的积累效率，对进一步开展研究具有重要意义。新生代农民工人力资本积累是新生代农民工人力资本投资的阶段性成果，反映的是人力资本投资的效果，可以促进人力资本投资方式的改进。

一　新生代农民工人力资本积累效率的界定

　　本研究对新生代农民工人力资本积累效率的界定以传统概念的效率理论为准，但并不是通常严格意义的效率概念。其有四个方面的效率指标，即技术、范围、配置和规模效率。技术效率是实际观察的产出与典型生产函数产出的比例，数值通常小于1；范围效率表明的是决策单元选择某种投入而将混合产出最小化的情况；配置效率反映的是既定投入与最优化占比运用投入的差异情况；规模效率测算的是在规模报酬不变与规模报酬可变的条件下生产前沿范围之间的差距。但以上对效率的划分，并不能充分揭示出新生代农民工的人力资本投资所取得的成效。

本研究所关注的是如何提高新生代农民工人力资本积累以改善其福利、提高其社会待遇、加快其市民化进程。因此，对新生代农民工人力资本积累的内涵和外延都应有全新的认识。本研究认为，新生代农民工人力资本积累效率是指从投入和产出的角度，以人力资本投资为投入项、经济增长指标为产出项，并通过劳动力流动情况作为调节系数来衡量积累效率的高低。这种效率情况是新生代农民工综合能力的体现，它遵从传统意义上的效率理论。在这里主要研究的是如何能成功实现新生代农民工人力资本的投资与积累问题，而不是效率的测量问题。因此，在对新生代农民工的人力资本积累效率进行测算时，利用前沿分析方法的有关理论和模型，对新生代农民工人力资本积累效率进行近似测算，目的是揭示新生代农民工人力资本积累效率的变化情况。

本研究主要采用数据包络分析方法。该方法是假设在没有随机性误差的条件下，若测算结果刚好在边界效率上，则认为具有完全效率，效率值为 1；若测算值在边界效率之内，则认为相对无效率；其效率值在 0～1，该跨度揭示了新生代农民工人力积累的低效率状况。

二　测算框架

改进、提升我国新生代农民工的人力资本积累效率，关键在于提升新生代农民工的软实力，即采用科学、先进的管理方式与理念，引导或采用创新的投资模式，使新生代农民工在劳动技能、学历和保障等方面得到逐步提升，使他们具有较强的环境适应能力、市场竞争力和持续发展的实力。所以，在目标效率测算的投入项与产出项中，创新性地设立软投入（新生代农民工心理辅导）项目和软产出（新生代农民工生活满意度）项目，并通过数据包络分析法中的 BBC 模型，对北京、上海、广州、深圳、天津、南京、杭州、济南、福州、成都、武汉和昆明 12 个城市的新生代农民工输入地区的新生代农民工人力资本积累效率进行了实证测算。

（一）测算指标定义

本研究的目标是新生代农民工人力资本积累的效率，最大的难点在于确定对新生代农民工人力资本的投入和产出指标。从数据包络分析法的测算框架中能够合理准确地确定投入项和产出项，而价格区间是评价效率的重点，也是效率研究存在较多争议的方面，至今也没有达成一致的结论。在本研究中，假定不考虑各地区在国民经济、人力劳动政策等方面的差别，选择各种投入项和产出项时，充分考虑了现有国情和经济社会的发展情况、测算数据的易得性，以及方程建立和计算过程的复杂性等情况，将投入项指标定为参加职业培训时间（X_1）、缴纳保险平均金额（X_2）、平均劳动时间（X_3）、健康医疗支出金额（X_4）和心理辅导天数（X_5）五项，将产出指标定为平均工资收入（Y_1）、休假天数（Y_2）、工作稳定程度（Y_3）、工作技能提高程度（Y_4）、生活满意程度（Y_5）和当地经济增长率（Y_6）六项，其中 $Y_1 \sim Y_5$ 为市民化效果的集合式指标。在测算合成过程中对上述的每一个指标附上相应的权重（w），并带入调整系数（T）。

根据上述定义和本研究关于新生代农民工人力资本积累效率的界定，其公式为：

人力资本积累效率 =（投入项/产出项）×调整系数

其中，投入项（X）=（$X_1 \times w_1$）+（$X_2 \times w_2$）+（$X_3 \times w_3$）+（$X_4 \times w_4$）+（$X_5 \times w_5$）；

产出项（Y）=（$Y_1 \times w_6$）+（$Y_2 \times w_7$）+（$Y_3 \times w_8$）+（$Y_4 \times w_9$）+（$Y_5 \times w_{10}$）+（$Y_6 \times w_{11}$）。

调整系数（T）= ABS（L_1/L_2），其中 L_1 为新生代农民工劳动力净流量，L_2 为前期新生代农民工存量，ABS 为绝对值，即调整系数为最终为正值。

（二）测算指标说明

1. 投入项指标

（1）参加职业培训时间。

将参加职业培训时间作为投入项指标之一是考虑新生代农民工在工作之余可通过参加职业培训提高自身的劳动技能与素质，进而提高劳动竞争力。该指标是体现新生代农民工劳动效率高低的一项重要指标，不仅表明新生代农民工的劳动状况，还表明其发展能力。

（2）缴纳保险平均金额。

将缴纳保险平均金额作为指标，一是可以表明新生代农民工工资收入水平。二是通过缴纳保险，为新生代农民工提供尽可能全覆盖的劳动保障。其缴费金额的多少，反映了新生代农民工人力资本积累程度的多少。

（3）平均劳动时间。

将平均劳动时间作为指标，一是可以同社会平均劳动时间相比较，新生代农民工劳动时间的长短标志着其参加社会劳动的公平程度。相对来讲，劳动时间越长可能公平程度越低。二是新生代农民工劳动时间越长，其参加人力资本累积的时间可能就会越短，相应人力资本积累的效果就会相应地降低。

（4）健康医疗支出金额。

将健康医疗支出金额作为指标，可以体现新生代农民工在城市的生活和工作状态。健康是人力资本中最为基础的保证，如果没有健康的身体，劳动作用就不能充分地发挥出来。一旦没有健康，凝结在新生代农民工身上的人力资本积累价值将消失或出现重大贬值。本研究利用新生代农民工每月缴纳的医疗保险金额作为选取数据的标准，一是缴纳医疗保险金额在一定程度上反映了新生代农民工在健康方面的投资，二是通过缴纳医疗保险金额也可以反映出企业对新生代农民工用工的规范程度。

（5）心理辅导天数。

心理辅导天数指标反映的是新生代农民工对生活现状的满意程度和心理健康情况，以此代表新生代农民工人力资本发展状况。当前社会经济发展速度非常快，新生代农民工在背井离乡的条件下，缺少社会关系及家庭支持的基础，其面对的压力比城市青年要大得多，遇到的困难与不公正待遇也比较多，如果没有一定的心理辅导与安慰，可能会造成心理伤害，或者出现过激行为，这大大影响了其融入城市的进程，特别是心理接受程度。所以，考量新生代农民工接受的心理辅导天数，是反映其心理改善状况和人力资本内涵提升的重要标志。

2. 产业项指标

（1）平均工资收入。

将平均工资收入作为指标，一是该指标通过查询《统计年鉴》和税务账单或以调查问卷的形式易于获取，二是将该指标与当地平均工资收入对比可以反映新生代农民工的收入状况。新生代农民工的平均工资收入越高，表明其可用于人力资本投资的资金就越多，投资效率也就会越高，产生的效果也就越好，该指标可以选取所调查农民工汇总工资收入的平均数，平均数越高，说明产出的效果也越好。

（2）休假天数。

将休假天数作为指标是因为适当地休假可以让劳动者在心理、体力上获得较为充分的休息与恢复，可以保证更好地工作，保持更好的心态。目前，只有相对正规的企业才能给员工提供休假的福利制度，所以选择该项指标可以反映新生代农民工劳动工作的环境状况。如果休假天数可以达到全国或当地的平均水平，说明新生代农民工通过休假获得了较高的人力资本投入；而在其他条件不变的情况下，也反映出新生代农民工可以获得相对较好的人力资本积累效果。

（3）工作稳定性。

将工作稳定程度作为指标，该指标可以反映出新生代农民工在获得工作机会时，还有劳动合同保障，说明新生代农民工的劳动权益得到一定保护。相对而言，工作时间越长工作越稳定，发生辞职、辞退的概率越小。在身体健康、安全劳动等方面具有更多的保障，这也是新生代农民工与老一代农民工相比取得的较为明显的进步标志之一，老一代农民工大多从事临时性的工作或者散工，各种劳动权益无法获得保障。

（4）工作技能熟练程度。

工作技能的提高是新生代农民工人力资本积累提升的重要标志，通过对新生代农民工在工作技能增长方面的培训与投入，提高新生代农民工在劳动技能方面的技巧与熟练程度，可以增强新生代农民工的劳动竞争力，确保农民工的工作稳定性以及工资和福利水平的提高，进而能够增加新生代农民工人力资本积累。

（5）生活满意度。

生活满意度反映了新生代农民工对现状的认可度与接受度，包括社会认可感、工作满意度、收入水平满意度、融入城市的接受度以及内心的满足感等，该项指标可以设若干二级指标，然后再通过调查问卷的形式进行汇总。这是一项重要的创新性指标，与新生代农民工的心理辅导指标相对应，反映了新生代农民工在人力资本积累过程中投入和产出两方面所体现出来的效率高低以及效果的好坏。

（6）当地经济增长率。

当地经济增长率指标可以反映当地经济的发展情况。人力资本投资作为促进经济增长的要素之一，通过提高劳动力的技能与素质，其最终目的还是为了促进当地的经济增长，所以本研究就选取该项指标作为人力资本积累的一个重要产出项。虽然新生代农民工对当地经济的贡献不一定很大，但是作为测算的基础数据，本研究就以当地经济增长率近似地作为新生代农民工一项重要的产出标志，并且在计算产出项时赋予50%的权重。

根据上文所述，本研究选取的投入与产出变量项如下：令X_1、X_2、X_3、X_4、X_5分别代表各项投入变量，X_1为参加职业培训的时间，X_2为缴纳保险平均金额（万元）、X_3为平均劳动时间、X_4为健康医疗支出金额（万元）、X_5为心理辅导天数；用Y_1、Y_2、Y_3、Y_4、Y_5和Y_6代表各项产出变量，Y_1为平均工资收入，Y_2为休假天数，Y_3为工作稳定程度，Y_4为工作技能提高程度，Y_5为生活满意程度，Y_6为当地经济增长率。本研究通过数据包络方法中的 BBC 模型对上述投入项与产出项的变量指标，分别测算 12 个城市新生代农民工在人力资本积累投入产出方面的技术效率。

（三）样本数据的选取

本研究在国内选取 12 个新生代农民工输入的典型地区为测算依据，分别为北京、上海、广州、深圳、天津、南京、杭州、济南、福州、成都、武汉和昆明，对这 12 个城市的新生代农民工分别进行编组排号，并以 2010～2015 年为时间区间，测得的数据是根据各市的《统计年鉴》和各地人社局、统计局、教委、财政局、总工会等单位及其所属机构提供的数据，并结合《中国统计年鉴》、国家统计局年度《中国农民工情况统计分析报告》和专业期刊的相关数据，以及在各地进行抽样调查问卷所获得的数据汇总计算而来。

三　各投入和产出类指标设定、权重划分及专家问卷调查

为了使论据更加充分、有力，本研究充分利用专家调查法

获取指标数据与权重的依据，其中包括对 5 个投入项目的指标选取与权重划分和 6 个产出项目的指标选取与权重的划分。在抽样问卷中，对开展本研究的目的、邀请专家支持配合的目的、新生代农民工情况的特定项目进行详细的列示与说明，并对新生代农民工人力资本效率测算的各项指标及其权重进行了说明与描述，请样本城市政府有关部门的专家、研究新生代农民工问题的学者根据工作经验进行选择，以便为本研究提供参考。

（一）各项投入项和产出项指标分解

1. 投入项指标分解

（1）参加职业培训时间。对新生代农民工参加职业培训时间赋予 10% 的权重。

（2）缴纳保险平均金额。对缴纳保险平均金额赋予 20% 的权重。

（3）平均劳动时间。对平均劳动时间赋予 30% 的权重。

（4）健康医疗支出金额。对健康医疗支出金额赋予 20% 的权重。

（5）心理辅导天数。对心理辅导天数赋予 20% 的权重。

为了符合数据包络法软件运算的要求，以上项目在取得数值后再换算成百分数。

2. 产出项指标分解

（1）平均工资收入。对平均工资收入赋予 5% 的权重。

（2）休假天数。对休假天数赋予5%的权重。

（3）工作稳定性。对工作稳定性赋予10%的权重。该项数值主要通过新生代农民工的调查问卷取得。

（4）工作技能熟练程度。对工作技能熟练程度赋予10%的权重。该项数值主要通过对有关政府部门的了解和新生代农民工的调查问卷取得。

（5）生活满意度。对生活满意度赋予20%的权重。该项数值主要通过新生代农民工的调查问卷取得。

（6）当地经济增长率。对当地经济增长率赋予50%的权重。该项数值主要通过查询各地统计部门有关统计数据获得。

对平均工资收入和休假天数，为了符合数据包络法软件运算的要求，在取得数值后再换算为百分数。

（二）各投入项和产出项的权重及专家调查

实证研究是从设计有效调查问卷开始的，是提高实证分析准确性的基础。问卷调查法最关键的优点是可以获得第一手可靠数据与真实资料。借鉴实务界开展经济问题研究时通用的调查问卷格式，本研究也采用了开放式调查问卷方式，即反映与描述一个变量是通过若干个指标变量来实现的，并用1~5分标度法对所有的变量进行打分。按照"完全同意为5分，同意为4分，无所谓为3分，不同意为2分，完全不同意为1分"的标准，请参与问卷调查的有关人员进行填写。同时，根据新生代农民工这个特定调研对象，专门设计调研与访谈提纲，分别对政府相关部门和高校的专家、学者以面对面访谈或者电话采访等的方式，展开初步调查，为设计出更有针对性、更有效果的抽样调查问卷做好准备工作。

在调查期间，以电子邮件、信函或现场访谈等方式向典型样本城市的政府相关部门和高校的专家、学者以及企业人事管理工作的负责人发出 400 份抽样调查问卷，累计收回 289 份调查问卷，其中 238 份为有效调查问卷，在全部发放的抽样调查问卷中占比为 59.50%，在收回的调查问卷中占比为 82.35%。

1. 新生代农民工人力资本积累投入项及其所占权重

在收回的有效问卷中，"完全同意"的为 207 份，占 86.97%；"基本同意"的为 24 份，占 10.08%；有 7 份填写"无所谓"（见表 9 - 1）。

表 9 - 1　新生代农民工人力资本积累效率投入项测算结果

单位：份

各类投入项目	完全不同意	不同意	无所谓	同意	完全同意
参加职业培训时间	0	0	7	24	207
缴纳保险平均金额	0	0	7	24	207
平均劳动时间	0	0	7	24	207
健康医疗支出金额	0	0	7	24	207
心理辅导天数	0	0	7	24	207

2. 新生代农民工人力资本积累产出项及其所占权重

在收回的有效问卷中，"完全同意"的有 175 份，占 73.53%；"基本同意"的为 42 份，占 17.64%；有 21 份填写"无所谓"（见表 9 -2）。

表 9 - 2　新生代农民工人力资本积累效率产出项测算

单位：份

各类产出项目	完全不同意	不同意	无所谓	同意	完全同意
平均工资收入	0	0	21	42	175
休假天数	0	0	21	42	175
工作稳定程度	0	0	21	42	175
工作技能提高程度	0	0	21	42	175
生活满意程度	0	0	21	42	175
当地经济增长率	0	0	21	42	175

可以说本研究有关新生代农民工人力资本积累效率测算中的各投入项和产出项及其权重的划分得到了大多数专家、学者的认可。

3. 各类投入项和产出项调查的分数区间和评分标准

本研究设计了各类投入项和产出项调查的分数区间和评分标准，"偏差较大"对应的分数区间为 0~2 分，"不理想"对应的分数区间为 3~4 分，"一般"对应的分数区间为 5~6 分，"较好"对应的分数区间为 7~8 分，"满意"对应的分数区间为 9~10 分（见表 9 -3）。

表9-3　新生代农民工人力资本积累效率测算投入项和产出项调查模板

项目		项目描述	分值	打分
人力资本积累效率测算	投入项	参加职业培训	0~10分	
		缴纳保险平均金额	0~10分	
		平均劳动时间	0~10分	
		健康医疗支出金额	0~10分	
		心理辅导天数	0~10分	
	产出项	平均工资收入	0~10分	
		休假天数	0~10分	
		工作稳定程度	0~10分	
		工作技能提高程度	0~10分	
		生活满意程度	0~10分	
		当地经济增长率	0~10分	

通过专家问卷调查法，本研究最终确定了权重的划分标准，其中投入项和产出项各自总权重为1（见表9-4）。

表9-4　新生代农民工人力资本积累效率测算投入项和产出项权重划分

项目		项目与权重	权重（%）
人力资本积累效率测算	投入项（总权重为1）	参加职业培训	10
		缴纳保险平均金额	20
		平均劳动时间	30
		健康医疗支出金额	20
		心理辅导天数	20

项目		项目与权重	权重（%）
人力资本积累 效率测算	产出项 （总权重为1）	平均工资收入	5
		休假天数	5
		工作稳定程度	10
		工作技能提高程度	10
		生活满意程度	20
		当地经济增长率	50

四　回归测算模型的建立

以新生代农民工样本的人力资本积累效率计算结果作为被解释变量，选择人力资本投入项、人力资本产出项和当地经济增长率分别作为解释变量。建立新生代农民工人力资本积累效率多元线性回归模型。

$$E_i = \beta + \beta Z_1 + \beta Z_2 + \beta Z_3 + \varepsilon \ (i = 1, \ 2, \ 3, \ 4, \ \cdots, \ 12)$$

其中，E 为第 i 个样本的新生代农民工人力资本积累效率，第 i 个样本的解释变量为 X_i。相应解释变量的待估参量为 β，随机扰动项为 ε。以本项目中测算的新生代农民工人力资本积累效率（E）表示，Z_1 为投入项、Z_2 为产出项、Z_3 为当地经济增长率。

本研究中 12 个样本城市的数据主要来自各有关政府部门和通过抽样调查所取得的资料整理而成。

（一）参数估计与模型检验

利用 SPSS 计量软件，对 12 个样本城市的新生代农民工人力资本积累效率与效率影响因素的多元回归模型（利用最小二乘法）进行参数估计（见表 9－5），通过对回归结果的分析，得出以下结论。一是 β 回归系数检验，t 值通过检验，回归系数亦通过检验。二是对模型检验，当数值为 2 时结果较好，R 值虽然较低，但是 DW 值较高是可以接受的。投入项的 t 检验值为 2.246，对新生代农民工人力资本积累效率有一定影响。也就是说，利用增加新生代农民工人力资本的投入规模可以取得提高效率的功能；产出项的 t 检验值为 2.835，对提高新生代农民工人力资本积累效率存在较大的影响；地方经济增长率对新生代农民工人力资本积累效率具有正向显著影响，其 t 检验值为 4.224，说明通过提高人力资本积累效率可以实现提高经济增长的目的（见表 9－6）。

表 9－5　汇总模型

模型 1	R	R^2	R^2 调整	因变量预测值的标准误差	统计变量				
					R^2 变量	F 变量	自由度 1	自由度 2	标准 F 变量值
0.599（a）	0.359	0.355	6.95589	0.359	12.955	3	86	0.000	1.899

（二）数据测算结果

利用 SPSS 计量软件，对上述数据进行处理后，得出 12 个样本城市 2010～2015 年新生代农民工人力资本投资效率值情况（见表 9 - 7）。

表 9 - 6　回归参数

模型 1	非标准参数		标准参数	t 检验	显著性
	误差	标准差	贝塔系数		
常数项	- 1.186	0.318	—	- 3.733	0.000
投入项	0.044	0.020	0.163	2.246	0.035
产出项	0.059	0.021	0.200	2.835	0.003
地方经济增长率	0.197	0.047	0.441	4.224	0.000

表 9 - 7　12 个城市 2010～2015 年新生代农民工人力
资本投资效率状况

城市	2010 年	2011 年	2012 年	2013 年	2014 年	2015 年
北京	0.692	0.735	0.757	0.764	0.773	0.712
上海	0.679	0.719	0.737	0.755	0.779	0.723
广州	0.715	0.722	0.736	0.756	0.795	0.709
深圳	0.742	0.756	0.775	0.781	0.862	0.817
天津	0.699	0.732	0.739	0.744	0.819	0.738
南京	0.686	0.725	0.728	0.733	0.806	0.726
杭州	0.742	0.751	0.763	0.769	0.837	0.761
福州	0.685	0.703	0.731	0.734	0.799	0.729
济南	0.688	0.689	0.692	0.701	0.791	0.699
成都	0.731	0.698	0.682	0.673	0.667	0.658
武汉	0.721	0.699	0.672	0.675	0.657	0.659
昆明	0.732	0.695	0.683	0.661	0.666	0.653

五　积累效率测算结果分析

从 12 个样本城市 2010～2015 年新生代农民工人力资本积累效率的结果可以看出，新生代农民工人力资本积累效率在总体水平上不断地提高，这反映出自改革开放以来，特别是"十二五"规划以来，随着我国综合国力的增加，社会与经济不断发展，尤其是对二元经济削减，在农村经济与社会人文不断发展的情况下，我国农村包括新生代农民工在内的学历教育、劳动技能、劳动培训和健康医疗等水平也在不断地提高，这些都极大地促进了我国在社会、经济和人口素质的整体提升。本研究在测算新生代农民工人力资本积累效率时，将新生代农民工心理健康方面的投入（辅导）与产出（满意度）纳入测算项，因此 12 个样本城市测算的新生代农民工人力资本积累效率相较以前年度略有下降，这反映出新生代农民工在人力资本积累时对心理健康方面的投入不足。对新生代农民工来说，其人力资本积累不能仅仅限于教育等方面，更需要在职业辅导、健康医疗、生活保障和心理辅导（人文关怀）等方面加大投入力度，这样才能较好地实现产出目标，帮助新生代农民工尽快适应市民化过程，推动我国社会和经济的协调发展。

六　小结

本研究结合新生代农民工人力资本积累与人力资本投资的特点，从投入和产出的角度，以人力资本投资为投入项，以市民化影响、经济增长指标为产出项，并将劳动力流动情况作为调节系数，对新生代农民工人力资本积累效率与效果进行评估与测算。从微观角度来讲，增加新生代农民工人力资本积累效率，可以快速改善新生代农民工的福利、学历、劳动技能、劳动保障和子女上学等状况，使其具有社会竞争力、风险控制力，可以实现可持续发展，最终融入所工作的城市，达到自身、家庭、单位、社会均满意，这是自身能力全面提升的表现。从宏观角度来说，较高的人力资本积累效率可以更好地促进集约型经济增长。

第十章 关于新生代农民工人力资本投资的相关建议

我国的农业发展基础比较薄弱且农村剩余劳动力存量大，地区间经济发展不平衡，东部和西部省份的经济发展差异较大，各省份的经济状况、人文特征也不尽相同，这就给新生代农民工的流动与市民化带来了巨大的挑战。目前，新生代农民工已经成为我国劳动力大军的主力，"新生代农民工已占劳动年龄流动人口的近一半"[①]。新生代农民工这个特殊群体，具有鲜明的"四高二低"特征，应围绕新生代农民工这些典型特征，结合新型城镇化的发展，紧密联系新生代农民工所面对的一系列问题，进行系统、涵盖面宽泛的（包括宏观和微观层面）人力资本投资与积累研究，以适应新生代农民工市民化进程的需要，满足我国长期、稳定的经济发展要求。

[①] 国家人口和计划生育委员会：《中国流动人口发展报告（2012）》，中国人口出版社，2012。

一　做好新生代农民工人力资本积累的制度设计

各地方政府应成立联合行动小组，统一协调关于新生代农民工的各类问题。新生代农民工问题涉及方方面面，其人力资本积累问题也是如此，不单单是某一个部门或单位就能解决与承担的。其中会涉及财政、税务、教育、劳动保障、工会维权、市政、立法、司法等许多部门，需要统筹安排与协调。这就需要做好顶层设计，做好制度安排，通过成立跨部门的联合行动办公室，统一指挥、调度、协调、组织和设计，做到统筹兼顾，计划有序，制定新生代农民工人力资本的积累规划，并全面落实，这样才能解决好新生代农民工所面对的各种问题，并且保证被解决的问题不复发。特别是在财政支持层面要给足政策、用足资金，并通过增加、扩大财政资金投入来引导社会资本进入新生代农民工人力资本投资领域。

二　加大对新生代农民工职业教育的投资力度

新生代农民工的工资收入、工作技能、竞争能力以及工作的稳定性与连续性等方面都与职业教育、劳动技能培训有较大的关系，所以加强新生代农民工的职业教育有着重要意义。加强新生代农民工的职业教育可以从以下四个方面入手。

（一）保证职业教育经费投资规模和教学场所数量

高级职业技术教育是培养新生代农民工职业技能、提高劳动熟练程度的一个重要渠道，应大力发展。此外，还应该大力推广适应我国新生代农民工就业特点的工种技术等级证书的评定工作，并尽量与新生代农民工的工资收入、各项福利相联系，让新生代农民工在专业技术发展方面有渠道，以鼓励其工作技能的提高。

（二）加强对"产、学、研"教育实践培养模式的研究与探索

尽可能多地吸纳新生代农民工参加高等院校组织的各类生产与教学实践活动，这些活动不仅可以丰富新生代农民工的知识与阅历，还可帮助新生代农民工把知识与生产实践相结合，将学到的知识用于实际工作当中，提高工作效率。

（三）创造条件让劳动密集型企业积极承担更多的社会义务

鼓励与引导劳动密集型企业增加资金投入，增加对新生代农民工的职业技术培训，通过提高新生代农民工的工作技能与劳动效率，形成劳动密集型企业与新生代农民工个体双赢的局面。

（四）鼓励新生代农民工自觉学习意识

鼓励新生代农民工不断学习，利用各类职业培训、在岗教育，为他们持续稳定的工作打下坚实的基础，养成新生代农民工主动对自身人力资本进行持续投资的良好习惯。

三　加大对新生代农民工心理、健康等资本的投资力度

心理资本是人力资本构成的一个重要因素，新生代农民工在融入城市的过程中会有较大的心理压力，应及时加以疏导，加强对新生代农民工心理资本的投入。应以"人力资本为第一资源""人力资本投资优先"为原则，充分调动社会、政府和企业对新生代农民工人力资本投资的能动性，利用专业化社会服务机构，加强对新生代农民工的心理辅导和压力排解等工作；组建相对稳定的专业心理辅导师资队伍，积极适应外部环境变化与要求，针对新生代农民工存在的心理问题，大力支持心理辅导工作，不断提高新生代农民工的心理素质和综合素质，促进新生代农民工人力资本的积累。

目前，新生代农民工在健康卫生和医疗设施等方面的保障设施还不完备，这对新生代农民工人力资本的积累效果产生了较大影响，如果新生代农民工遇到重大疾病或者由于伤残而失去工作能力，那么其人力资本投资的价值将不复存在。因此，

要尽快解决新生代农民工在劳动保护和医疗保健方面存在的诸多问题。

通过建立健全新生代农民工的医疗保健、劳动权益维护的支持体系，建立适合新生代农民工工作特点的医疗卫生服务模式，尽量满足新生代农民工对医疗卫生、劳动保障方面的需求；扩大卫生服务机构规模，提高医护人员素质，加强公共卫生建设，安排更多的公共卫生经费支出和保障资金，不断完善新生代农民工的医疗保健、劳动保障方面的工作，为新生代农民工整体人力资本积累打下坚实的基础。

四　推进新生代农民工市民身份的认同

（一）创造良好的社会环境接纳新生代农民工

新生代农民工在其所工作、生活的城镇创造了较大的物质财富，为城镇面貌的改变做出了贡献。应加强对新生代农民工的贡献的宣传力度，创造良好的社会环境，为新生代农民工真正融入城市营造一个良好的社会氛围，以利于新生代农民工的融入与安定。尽管个别新生代农民工的行为和思维方式与市民标准有差距，但城市的原住市民应抱着包容的心态，多给新生代农民工一些改变、成长的时间。

（二）　新生代农民工应转变观念，做好社会生活市民化的准备

俗话说"入乡随俗"。新生代农民工既然已来到城镇工作与生活，就应该调整好心态，尽快转变观念，努力适应社会化的市民生活，加快自身市民化进程，这样才能在城镇中获得发展并愉快生活。在生活方式、社会交往、心理和价值观等方面逐步与城镇居民趋同，最终实现无差异的城镇生活。

（三）　积极推进工作居住证制度

目前，虽然我国部分地区有条件地放开了户籍登记管理制度，一部分新生代农民工取得了城镇户籍，从形式上和心理上成了真正的城市人。但是，还有大部分新生代农民工的户籍问题得不到解决，成为其融入城市的一大瓶颈。应该将城市暂住证制度改变为工作居住证制度，渐渐剥离附加在户口上的社会保障、公租房保障、子女入托上学等社会福利，进一步清理取消出自多个部门的各类歧视性规定，为新生代农民工融入城市创造良好的制度环境。

对那些已在中小城镇实现稳定就业或创业，同时还放弃了农村责任田的新生代农民工，应放宽城镇户口准入门槛，出台优惠政策，鼓励新生代农民工入籍，准许他们转为城镇户口。特大城市应逐步放宽新生代农民工进城落户的相关政策，采取灵活多样的管理办法，制订可操作性强的具体措施，如与学历、职称、工作年限、社保缴费、个税缴纳记录等综合条件挂

钩的积分落户法，让优秀或做出突出贡献的新生代农民工取得城市户籍。

五　加强新生代农民工工会建设，完善劳动保障

最大限度地把新生代农民工组织起来，做好服务新生代农民工工作，不断扩大群众基础。2015 年初，中华全国总工会下发了《关于开展"农民工入会集中行动"实施方案》的通知，拉开了农民工特别是新生代农民工集中加入工会的帷幕。

（一）加强对新生代农民工有关工会的宣传

面对新生代农民工这个特殊群体，要加强对其加入工会的宣传和组织工作。各级工会要唤醒新生代农民工的主体意识，激发其内在动力，尽量采用新生代农民工熟悉的事实和能够接受、喜欢的话语模式进行宣传，促使新生代农民工早日加入工会。

（二）落实工会服务工作

针对当前新生代农民工会员中存在的"口袋会员""电脑会员""卡片会员"的情况，各级工会要将"农民工有困难找工会"的行动落到实处，利用好工会"职工之家"的便利条件，适应新情况、新特点，用高质量、温暖的工会服务帮助遇

到困难的新生代农民工。

（三） 加大对新生代农民工技能培训的力度

国务院在制定的《国家新型城镇化规划（2014～2020年)》中提出了农民工职业技能提升计划，要求"到2020年每个农民工都可以得到一次政府补贴的技能培训"。加大对新生代农民工技能培训的力度，是各级工会组织的一项重要工作。

（四） 抓好新生代农民工集中就业行业的建会工作

进一步推动全国重点快递公司（顺丰、申通、圆通、中通、韵达、联邦快递、DHL、UPS 等）总部及其分公司、各门店（网点）工会组织，最大限度地把一线快递员组织到工会大家庭中来，壮大工会的力量，参与工会的建设。

（五） 加强相关法律知识的普及和相应的法律援助

在加强相关法律知识的普及和相应的法律援助工作的同时，政府有关劳动管理、保障及仲裁部门也要充分发挥作用，要求企业必须依法签订劳动合同，对不规范用工的企业要加强查处力度，并依照有关劳动法规予以纠正或行政处罚，情节特别严重的要给予严厉处罚，并予以社会公示，让违法侵害农民工利益的企业或单位付出高额的声誉成本代价。各级工会要创新工作形式与方法，灵活有效地做好各种帮扶解困工作，解决新生代农民工在工作中遇到的各类侵权事件。

（六）加强新生代农民工的劳动保护

工会要积极会同执法部门加强对各种高危行业、工种和职业危害严重的生产场所的监督、检查力度，对因工或者没有得到有效防护而受到伤害的新生代农民工，要依法确保他们得到工伤医治与法定赔偿。

六　开创环境良好、路径多样的投资局面

（一）新生代农民工人力资本投资需要良好的环境

本研究认为，新生代农民工不仅需要补充教育资本，更需补充职业素质、心理资本和社会资本等，而这些都需要有一个良好的投资环境作为支撑。投资环境不仅包括宏观层面的政策导向、监督与评价机制，中观层面的投资规划、配套机制等，还要有微观层面的具体落实，即调动、引导企业投资动力，各级工会组织积极介入，各类帮扶实体主动援助，鼓励新生代农民工自己对人力资本进行投资。投资环境优劣对投资效果有着重要的影响。只有构建良好的新生代农民工人力资本投资环境，才能建立起多位一体、灵活多样、效果良好的投资模式。

（二）新生代农民工人力资本投资需多样性的路径支持与动力要素

社会与经济条件的变化，需要新生代农民工人力资本投资方式、资金来源等进行相应的调整适应。这就需要多样性的投资"路径"来支持，打破原有的固定投资模式，根据人力资本构成的不同要求，通过"路径"创新方式，从不同人口特征的人力资本发展阶段、不同的人力资本构成以及不同的投资主体等角度，结合新型城镇化发展、农民工返乡创业等新政策，实现新生代农民工人力资本投资的路径突破，同时要做好各个不同路径间的交替与组合，以取得良好的投资效果。

新生代农民工人力资本投资来自不同的动力，这些动力可以划分为内源性动力和外源性动力。新生代农民工人力资本投资与增长不是由某一单独的动力来推动的，而是由各种不同的动力发挥联合与协同作用，一起维持和拉动对新生代农民工人力资本的投资。企业吸纳了大部分新生代农民工，成为新生代农民工人力资本投资最主要的外源性动力，所以应为企业的人力资本投资创造良好的环境，激发企业积极发挥外源性动力作用，成为新生代农民工人力资本投资的重要支柱。另外，新生代农民工自身也有较为强烈的提高社会资本、心理资本积累的要求，这种内源性动力应在企业尤其是工会等社会组织的帮助下积极实现。

七 新生代农民工人力资本投资
要以其人口特征为考量

不同的人口统计特征，具有不同的人力资本构成诉求，不考虑以人口特征分类，而只是简单、粗略地投资，不可能取得良好的投资效果。对新生代农民工来说，男性与女性的人力资本构成各不相同，男性新生代农民工主要体现在劳动技能、社会资本等方面的构成，而女性新生代农民工主要体现在学历教育、职业保健和心理辅导等方面的构成。另外，不同年龄段的新生代农民工，对人力资本的构成诉求也不相同。相对来说，年龄偏大的新生代农民工偏好于劳动技能、身体保健和社会关系等方面的构成，而年龄较小的新生代农民工则偏好于学历、文体活动和心理压力排解等方面的构成。所以，从人口统计学特征出发，充分考虑不同类型人口特征的人力资本需求，进行有针对性的"分类式""点对点式"的指向性精准投资，才会取得"事半功倍"的投资效果。

八 小结

总之，新生代农民工已经发展成为我国新生代的产业工人大军，对我国城镇化建设、二元经济结构调整、产业升级、减少农村与城市的发展差距、统筹城乡协调发展发挥了重要作用。只有全面、深刻地认识到新生代农民工的重要性，才能充分发挥其人力资本积累的重要作用，才会做好新生代农民工人力资本积累工作。在我国经济转型的大环境下，对新生代农民工人力资本投资，要紧紧围绕新型城镇化的发展，在"动力协调、路径突破、累积有效"等方面做好文章，以取得新生代农民工人力资本投资的良好效果，为我国经济与社会的长期稳定、协调发展积累充足、丰富的人力储备。

附　录

附录一　"新生代农民工人力资本投资：动力、
路径与累积"调查问卷

尊敬的专家：

　　您好！感谢您在百忙之中阅读并完成这份调查问卷。我们对新生代农民工人力资本积累效率等方面进行深入细致的调研，旨在总结新生代农民工人力资本积累中投入和产出等情况，为改善我国新生代农民工人力资本积累状况，促进新生代农民工市民化的实现提供建议和理论依据。

　　请您仔细阅读问题及说明后做出选择。表内的打分规则是：完全不同意为1，不同意为2，无所谓为3，同意为4，完全同意为5。

1. 人力资本积累效率测算投入项应包括哪几项?

选项	完全不同意	不同意	无所谓	同意	完全同意
参加职业培训	1	2	3	4	5
缴纳保险平均金额	1	2	3	4	5
平均劳动时间	1	2	3	4	5
健康医疗支出金额	1	2	3	4	5
心理辅导天数	1	2	3	4	5
其他方面	1	2	3	4	5

2. 人力资本积累效率测算产出项应包括哪几项?

选项	完全不同意	不同意	无所谓	同意	完全同意
平均工资收入	1	2	3	4	5
休假天数	1	2	3	4	5
工作稳定程度	1	2	3	4	5
工作技能提高程度	1	2	3	4	5
生活满意程度	1	2	3	4	5
当地经济增长率	1	2	3	4	5
其他方面	1	2	3	4	5

注1：其中前6项为新生代农民工市民化效果的集合式指标。

3. 人力资本积累效率测算投入项的权重划分

项目	权重划分	完全不同意	不同意	无所谓	同意	完全同意
参加职业培训时间	10%	1	2	3	4	5
缴纳保险平均金额	20%	1	2	3	4	5
平均劳动时间	20%	1	2	3	4	5
健康医疗支出金额	20%	1	2	3	4	5
心理辅导天数	20%	1	2	3	4	5

4. 人力资本积累效率测算产出项的权重划分

各类投入项目	权重划分	完全不同意	不同意	无所谓	同意	完全同意
平均工资收入	5%	1	2	3	4	5
休假天数	5%	1	2	3	4	5
工作稳定程度	10%	1	2	3	4	5
工作技能提高程度	10%	1	2	3	4	5
生活满意程度	20%	1	2	3	4	5
当地经济增长率	50%	1	2	3	4	5

注 1：其中前 6 项为新生代农民工市民化效果的集合式指标。

5. 人力资本投资的资金划分

项目	完全不同意	不同意	无所谓	同意	完全同意
资金来源	1	2	3	4	5
资金投放方式	1	2	3	4	5
资金用途及结构	1	2	3	4	5
其他（具体建议）					

6. 人力资本投资环境

项目	完全不同意	不同意	无所谓	同意	完全同意
专职资源	1	2	3	4	5
企业投资动力	1	2	3	4	5
工会组织作用	1	2	3	4	5
政策落实	1	2	3	4	5
个人投资占可支配收入的比重	1	2	3	4	5
投资规划	1	2	3	4	5
监督评价机制	1	2	3	4	5
其他（具体建议）					

7. 人力资本投资方式

项目	完全不同意	不同意	无所谓	同意	完全同意
提高学历方式	1	2	3	4	5
举办专题劳动讲座	1	2	3	4	5
开展职业健康保健	1	2	3	4	5
积极心理辅导	1	2	3	4	5
组织文体活动	1	2	3	4	5
其他（具体建议）					

8. 新生代农民工人力资本的构成

项目	完全不同意	不同意	无所谓	同意	完全同意
学历水平	1	2	3	4	5
职业技能	1	2	3	4	5
身体健康程度	1	2	3	4	5
心理健康程度	1	2	3	4	5
社会经验	1	2	3	4	5
其他（具体建议）					

对您的拨冗参与、真诚合作以及宝贵意见致以衷心的感谢。

您的个人信息：

姓名：

电话：

电子邮件：

附录二　新生代农民工抽样调查问卷

所在城市（请写在下面）

亲爱的新生代农民工朋友：

　　您好！感谢您配合我们完成此次调查工作。我们这次问卷调查主要是想了解新生代农民工的总体情况，掌握新生代农民工人力资本情况，并在此基础上为解决新生代农民工面临的问题，提高新生代农民工生产生活水平，真正融入城镇提出有关政策建议。

　　请您仔细阅读问题后，做出选择与回答。十分感谢您的参与配合。

1. 您的性别　○男　○女

2. 学历　○小学　○初中　○高中　○中等专业
　　　　　○高级职业　○大专及以上

3. 婚姻情况　○已婚　○未婚

4. 子女情况　○有　○无

5. 您的年龄

6. 您的籍贯

7. 在目前的城市生活工作了几年

8. 多大年龄出来工作的
　　找工作的渠道或方式

9. 对目前工作和生活是否满意　○是　○否　○一般

10. 目前换过几份工作

每份工作的平均时间

11. 目前的工资收入状况

与去年相比有无增长　○有，增幅　○无

12. 用人单位是否提供住宿　○有　○无

13. 是否在工作地购买了商品房　○有　○无

若无购房，现在如何居住

14. 对工作单位的劳动环境是否满意　○是　○否

劳动强度　○高　○低

15. 平均每天工作时间

16. 有无工余时间　○有　○无

工余时间主要做什么

17. 是否发生过拖欠工资情况　○是　○否

感觉是否合理　○是　○否

18. 是否缴纳"五险一金"　○有　○无

是否愿意缴纳　○是　○否

19. 是否取得城镇户籍　○是　○否

城镇户籍是否重要　○是　○否

20. 感觉自己是"城市人"吗　○是　○否

若不是，主要不足是什么

21. 子女带在身边吗（无子女不填）　○是　○否

子女如何上学、入托

22. 以后还回农村老家吗　○是　○否

若不回，留在城市发展的原因是什么

23. 离开农村出来工作的原因

24. 知道什么是人力资本吗　○是　○否

25. 若可以"充电"，最想做的是什么
　　○学历　○职业培训　○资格证书
　　○劳动技能　○其他

26. 平时是否锻炼身体　○是　○否
　　若有心理压力是否知道如何排解　○是　○否

27. 是否知道维护自己的劳动权益　○是　○否
　　有什么具体途径

28. 是否希望工作单位进行岗位培训　○是　○否
　　主要想学到什么

29. 将来的工作愿景　○在原单位、○换个工作
　　　　　　　　　　　○自己创业　○其他

30. 希望工作单位在培训、劳动保障方面做些什么

31. 希望社会对新生代农民工做些什么

32. 您的日常消费情况
　　是否给老家寄钱　○是，多少　○否

33. 您认为留在城市发展面对的最大挑战是什么
　　最想解决的困难是什么

34. 是否有足够的资金进行"充电"　○是　○否
　　时间是否有保证　○是　○否

35. 您工作的企业所属行业
　　○物流（快递）业　○房地产建筑业

　　○酒店服务业　　○其他行业

36. 您的职业技能情况　○高　○中　○低

37. 您的身体健康情况　○良好　○好　○适中　○一般

38. 您的心理健康情况　○良好　○好　○适中　○一般

39. 您的社会经验　○较多　○多　○适中　○少　○较少

40. 您提高学历的方式

41. 您参加专题劳动讲座的次数

42. 您参加职业健康保健培训（讲座）的次数

43. 您是否参与过心理辅导（讲座）　○是　　○否

44. 您参加文体活动的次数

　　具体活动内容与时间

对您真诚参与合作致以衷心的感谢。

您的个人信息：

姓名：

电话：

电子邮件：

参考文献

白永秀、惠宁：《论人力资本理论的三次飞跃》，《经济评论》
　　2005 年第 1 期。

蔡昉：《以农民工市民化推进城镇化》，《经济研究》2013 年第
　　3 期。

陈延秋、金晓彤：《新生代农民工市民化意愿影响因素的实证
　　研究——基于人力资本、社会资本和心理资本的考察》，
　　《西北人口》2014 年第 4 期。

风笑天：《农村外出打工青年的婚姻与家庭：一个值得重视的
　　研究领域》，《人口研究》2006 年第 1 期。

耿建新、朱友干：《职位资本——人力资本会计研究的新视
　　野》，《会计研究》2009 年第 11 期。

郭继强：《教化投资：人力资本投资的新形式》，《经济学家》
　　2006 年第 4 期。

《国务院关于进一步做好为农民工服务工作的意见》（国发〔2014〕
　　40 号），2014 年 9 月。

韩长赋：《中国农民工发展趋势与展望》，《经济研究》2006 年
　　第 12 期。

何芳：《新生代农民工人力资本提升的理性分析》，《吉林工程
　　技术师范学院学报》2014 年第 11 期。

胡放之、秦丽娟：《农民工融入城市的困境——基于制度排斥
　　与工资歧视的分析》，《湖北社会科学》2008 年第 12 期。

胡清华：《新生代农民工人力资本投资策略探析》，《学术交
　　流》2012 年第 12 期。

黄江泉、邓德胜、曾月征：《人力资本视角的农民工城市化研
　　究综述及展望》，《中国农学通报》2012 年第 11 期。

黄快生：《国外人力资本理论研究新动向对新生代农民工人力资
　　本投资和积累的借鉴》，《湖南社会科学》2014 年第 2 期。

季文、应瑞瑶：《农民工流动、社会资本与人力资本》，《汉江论
　　坛》2006 年第 4 期。

姜曼、杨天洁：《中国人力资本理论研究综述》，《赤峰学院学
　　报》2009 年第 12 期。

李国和、张运刚：《从社会学视角看人力资本》，《贵州财经学
　　院学报》2005 年第 11 期。

李焕荣、苏敷胜：《人力资源管理与企业绩效关系的实证研究——
　　基于结构方程模型理论》，《华东经济管理》2009 年第 4 期。

李建华：《农民工低工资：现状、原因和对策》，《重庆工商大
　　学学报》2009 年第 5 期。

李树茁、杨绪松、任义科、靳小怡：《农民工的社会网络与职

业阶层和收入：来自深圳调查的发现》，《当代经济科学》
2007 年第 1 期。

李晓静、张祚友：《农民工的人力资本问题研究综述》，《农村
经济与科技》2009 年第 11 期。

李晓曼、曾晓泉：《新人力资本理论——基于能力的人力资本
理论研究动态》，《经济学动态》2012 年第 11 期。

李学军：《中国人力资本投资低效率问题探讨》，《社会科学研
究》2010 年第 6 期。

李亚慧、刘华：《健康人力资本研究文献综述》，《生产力研
究》2009 年第 10 期。

廖传景：《青年农民工心理健康及其社会性影响与保护因素》，
《中国青年研究》2010 年第 1 期。

林绍珍：《关于我国人力资本投资风险的研究综述》，《湖北经
济学院学报》（人文社会科学版）2013 年第 3 期。

刘林平、王茁：《新生代农民工的特征及其形成机制——80 后
农民工与 80 前农民工之比较》，《中山大学学报》（社会科
学版）2013 年第 5 期。

刘万云：《新生代农民工人力资本的维度分析》，《中国农学通
报》2011 年第 7 期。

刘文、罗润东：《人力资本投资风险理论研究新进展》，《经济
学动态》2010 年第 1 期。

刘勇、张徽燕、李端凤：《人力资本的定义与分类研究述评》，
《管理学家》（学术版）2010 年第 11 期。

吕娜：《健康人力资本与经济增长研究文献综述》，《经济评论》2009 年第 6 期。

栾文敬、路红红、童玉林：《社会资本、人力资本与新生代农民工社会融入的研究综述》，《江西农业大学学报》2012年第 6 页。

马燕：《人力资本研究的文献综述》，《经济研究导刊》2014 年第 12 期。

马跃如、黄快生：《城镇化对新生代农民工人力资本投资和积累的作用机理研究》，《学术论坛》2014 年第 7 期。

聂辉华：《企业：一种人力资本使用权交易的黏性组织》，《经济研究》2003 年第 8 期。

牛建林：《城市"用工荒"背景下流动人口的返乡决策与人力资本的关系研究》，《人口研究》2015 年第 5 期。

潘锦棠：《性别人力资本理论》，《中国人民大学学报》2003 年第 3 期。

潘晶芳：《新生代农民工人力资本的提升与再造——基于城乡一体化的现实语境》，《福建行政学院学报》2013 年第 3 期。

潘清：《人力资本理论综述——探究人力资本的成因》，《浙江工商大学学报》2008 年第 5 期。

彭静、周文英：《人力资本视角下企业对农民工在职培训投资风险研究》，《商场现代化》2007 年第 2 期。

全国总工会新生代农民工问题课题组：《关于新生代农民工问

题的研究报告》，《新华文摘》2010 年第 17 期。

"人力资本结构研究" 课题组：《人力资本与物质资本的匹配及
　　其效率影响》，《统计研究》2012 年第 4 期。

任远、陈春林：《农民工收入的人力资本回报与加强对农民工
　　的教育培训研究》，《复旦学报》（社会科学版）2010 年第
　　6 期。

申鹏、申有明：《新生代农民工人力资本投资研究——基于农
　　民工代际差异视角》，《现代商贸工业》2012 年第 17 期。

沈小圃：《基于结构方程的企业虚拟人力资源管理实证研究》，
　　《西安邮电学院学报》2010 年第 3 期。

史恭龙：《基于结构方程模型的物流企业人力资源管理与企业
　　绩效关系研究》，《物流技术》2013 年第 9 期。

宋帅、兰玉杰：《农民工人力资本生成研究综述》，《安徽工业
　　大学学报》（社会科学版）2012 年第 7 期。

陶伟、燕东升：《基于 SWOT 分析的新生代农民工人力资本投
　　资策略》，《农村经济》2012 年第 4 期。

田立法：《企业人力资本资源前沿研究述评与展望——基于分
　　层面视角》，《外国经济与管理》2014 年第 8 期。

王春兰、丁金宏、杨上广：《大城市青年农民工的就业特征及
　　存在的若干问题——以上海市闵行区为例》，《华东师范大
　　学学报》（哲学社会科学版）2006 年第 3 期。

王李：《我国新生代农民工人力资本投资问题研究》，《中国劳
　　动关系学院学报》2014 年第 2 期。

王询、孟望生：《人力资本投资与物质资本回报率关系研究——基于世代交叠模型的视角》，《当代财经》2013 年第 7 期。

魏婧华、罗湛、翁贞林：《人力资本因素对新生代农民工就业及收入水平的影响——基于 9 省市的调查数据》，《经济研究导刊》2013 年第 9 期。

吴炜：《干中学：农民工人力资本获得路径及其对收入的影响》，《农业经济问题》2016 年第 9 期。

向志强：《人力资本生命周期与教育需求》，《经济评论》2003 年第 2 期。

谢建社、谢宇：《新生代农民工融入城市的预期与构想——以珠三角"民工荒"为例》，《城市观察》2010 年第 3 期。

谢勇：《基于人力资本和社会资本视角的农民工就业境况研究——以南京市为例》，《中国农村观察》2009 年第 5 期。

徐岩、徐传谌：《企业创新人员管理与企业创新绩效关系综述》，《社会科学战线》2014 年第 3 期。

徐鸣：《论人力资本与智力资本的"虚拟资本"性质》，《当代财经》2007 年第 8 期。

杨明洪：《论西方人力资本理论的研究主线与思路》，《经济评论》2001 年第 1 期。

姚植夫、张译文：《新生代农民工工作满意度影响因素分析——基于西北四省的调查数据》，《中国农村经济》2012 年第 8 期。

叶静怡、李晨乐：《人力资本、非农产业与农民工返乡意愿——

基于北京市农民工样本的研究》,《经济学动态》2011 年第
9 期。

于梦尧、占蕙颖、丁明:《新生代农民工融入城市社会的调查
与思考——以江西省广丰县农民工为样本》,《沈阳农业大
学学报》2010 年第 12 期。

于洋:《人力资本投资中的教育选择模型》,《统计研究》2014
年第 2 期。

曾旭晖:《非正式劳动力市场人力资本研究——以成都市进城
农民工为个案》,《中国农村经济》2004 年第 3 期。

翟同宪:《金融危机下的青年女性农民工问题研究》,《消费导
刊》2009 年第 10 期。

张超:《经济体制转型与人力资本积累关系的实证分析》,《经
济研究》2007 年第 12 期。

张斐:《新生代农民工市民化现状及影响因素分析》,《人口研
究》2011 年第 11 期。

张凤林:《现代人力资本投资理论及其借鉴意义》,《经济评
论》2000 年第 4 期。

张古鹏、姜学民、任龙:《人力资本模型综述——基于国内学
者的研究》,《华东经济管理》2007 年第 5 期。

张广胜、柳延恒:《人力资本、社会资本对新生代农民工创业
型就业的影响研究——基于辽宁省三类城市的考察》,《农
业技术经济》2014 年第 6 期。

张洪霞:《人力资本、社会资本对新生代农民工市民化的影响——

基于 797 位农民工的实证调查》，《江苏农业科学》2014 年
　　第 2 期。

张洪霞：《新生代农民工社会融合的内生机制创新研究》，《农
　　业现代化研究》2013 年第 7 期。

张盈华、杜跃平：《社会保障与人力资本积累：研究综述》，
　　《经济学家》2008 年第 5 期。

张瑜、杨哲：《新生代农民工人力资本投资对其城市定居意愿
　　影响研究》，《齐齐哈尔大学学报》2015 年第 7 期。

张正：《新生代农民工人力资本投资中的企业责任分析》，《企
　　业技术开发》2014 年第 8 期。

张智敏、唐昌海：《从农村高素质群体到城市中的边缘者——
　　影响技能性人力资本生成因素的观察》，《中国农村经济》
　　2009 年第 2 期。

周蕾、谢勇、李放：《农民工城镇化的分层路径：基于意愿与
　　能力匹配的研究》，《中国农村经济》2012 年第 9 期。

周密、张广胜、杨肖丽：《城市规模、人力资本积累与新生代
　　农民工城市融入决定》，《农业技术经济》2015 年第 1 期。

周文良、张炳申：《外来民工人力资本的谈判力及其治理》，
　　《当代财经》2005 年第 8 期。

周亚虹、许玲丽、夏正青：《从农村职业教育看人力资本对农
　　村家庭的贡献——基于苏北农村家庭微观数据的实证分
　　析》，《经济研究》2010 年第 8 期。

周莹：《青年与老一代农民工融入城市的代际比较研究》，《中

国青年研究》2009 年第 3 期。

朱明:《我国农村人力资本研究情况综述》,《经济纵横》2012
　　年第 5 期。

朱焱、张孟昌:《企业管理团队人力资本、研发投入与企业绩
　　效的实证研究》,《会计研究》2013 年第 11 期。

图书在版编目（CIP）数据

新生代农民工人力资本投资：动力、路径与累积／
王李著. -- 北京：社会科学文献出版社，2020.11
（中国劳动关系学院学术论丛）
ISBN 978 - 7 - 5201 - 5632 - 5

Ⅰ.①新… Ⅱ.①王… Ⅲ.①民工 - 人力资本 - 资本
投资 - 研究 - 中国 Ⅳ.①F323.6

中国版本图书馆 CIP 数据核字（2020）第 152053 号

中国劳动关系学院学术论丛
新生代农民工人力资本投资：动力、路径与累积

著　　者／王　李

出 版 人／谢寿光
组稿编辑／任文武
责任编辑／丁　凡　高　启

出　　版／社会科学文献出版社·城市和绿色发展分社（010）59367143
　　　　　地址：北京市北三环中路甲 29 号院华龙大厦　邮编：100029
　　　　　网址：www. ssap. com. cn
发　　行／市场营销中心（010）59367081　59367083
印　　装／三河市龙林印务有限公司

规　　格／开　本：787mm × 1092mm　1/16
　　　　　印　张：14.25　字　数：147 千字
版　　次／2020 年 11 月第 1 版　2020 年 11 月第 1 次印刷
书　　号／ISBN 978 - 7 - 5201 - 5632 - 5
定　　价／88.00 元

本书如有印装质量问题，请与读者服务中心（010 - 59367028）联系